新型城镇化背景下

地方政府融资困境

分析与对策研究

李全海　张中正　韩汶佳　著

中国商务出版社
CHINA COMMERCE AND TRADE PRESS

图书在版编目(CIP)数据

新型城镇化背景下地方政府融资困境分析与对策研究/李全海，张中正，韩汶佳著. --北京：中国商务出版社，2019.9

ISBN 978-7-5103-3063-6

Ⅰ. ①新… Ⅱ. ①李… ②张… ③韩… Ⅲ. ①地方财政-融资-研究-中国 Ⅳ. ①F812.7

中国版本图书馆 CIP 数据核字(2019)第 204190 号

新型城镇化背景下地方政府融资困境分析与对策研究
XINXING CHENGZHENHUA BEIJING XIA DIFANG ZHENGFU RONGZI KUNJING FENXI YU DUICE YANJIU

李全海　张中正　韩汶佳　著

出　　版：中国商务出版社

地　　址：北京市东城区安定门外大街东后巷 28 号

邮　　编：100710

责任部门：职业教育事业部(010-64218072　295402859@qq.com)

责任编辑：周　青

总 发 行：中国商务出版社发行部(010-64208388　64515150)

网　　址：http：//www.cctpress.com

邮　　箱：cctp@cctpress.com

照　　排：北京亚吉飞数码科技有限公司

印　　刷：北京亚吉飞数码科技有限公司

开　　本：787 毫米×1092 毫米　1/16

印　　张：12　　字　　数：156 千字

版　　次：2020 年 3 月第 1 版　　2020 年 3 月第 1 次印刷

书　　号：ISBN 978-7-5103-3063-6

定　　价：62.00 元

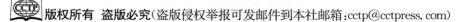

前　言

经过改革开放四十年的发展,我国城镇化水平不断提高,2018年中国城镇常住人口达到8.3亿,常住人口城镇化率为59.58%,户籍人口城镇化率为43.37%。虽然我国城镇化率不断提升,城镇化进入快速推进阶段,但总体城镇化水平依然远远低于发达国家及与部分发展国家的平均城镇化水平。党的十八大以来,党中央和政府认真分析我国城镇化形势和发展过程中遇到的问题,提出新型城镇化建设的道路和目标。推进新型城镇化,需要进行大范围、大规模的公共基础设施建设(如交通、环境、教育等基础设施),建设资金缺口巨大。根据2020年中国城市化发展目标,仅基础设施建设就需投入20万亿。而公共基础设施属于公共产品,存在外部性,其建设所需的绝大部分资金只能靠地方政府进行融资。但由于我国地方政府基础设施建设融资渠道的限制和认识误区,城镇化发展给地方政府带来了极大的财政压力,资金问题或已成为新型城镇化建设的"瓶颈"之一。因此,理清地方政府融资困境形成的机理,打破传统城镇化发展融资模式,构建新型规范和可持续的地方政府融资体系,对于推进新型城镇化建设具有重要的理论和现实意义。

本书通过梳理国内外相关文献,并结合实地调研获得的相关数据资料及文献,根据国内外相关理论和前期研究积累,分析我国新型城镇化的内涵及要义,明确地方政府在新型城镇化进程中的重要地位和作用;并在此背景下进一步分析地方政府在推进新型城镇化过程中融资的现状和问题,特别是明确我国新型城镇化背景下地方政府三类融资渠道及它们之间的关联关系,对地方政府的融资困境的深层次原因进行分析;在此基础上构建地方政府融资体系,并提出优化地方融资的政策建议。

本书的重点内容体现在以下三个方面:

第一,对地方政府的融资渠道进行梳理分类,分析三类融资渠道与土地之间的关系,并对三类融资渠道的资金规模和其中涉及的土地融资规模进行测算与比较分析。

第二,经济结构升级,地价、房价难以持续上涨背景下的地方政府融资困境及原因分析。

第三,构建出一个以地方税收、PPP项目开发模式和地方政府债务融资为主的地方政府融资体系,并对其融资规模进行测算及进行制度设计。

本书的主要观点包括:第一,当前地方政府的融资渠道除中央政府的转移支付外,其他的融资渠道都与土地有着紧密的联系,我们在进行地方政府融资困境分析时不应该割裂他们之间的联系,而应系统研究他们之间的关联关系,系统考察三者在我国城镇化建设中不可持续性的原因。第二,我们应该对地方税收、PPP项目开发模式和地方政府债务融资规模进行系统测算,在此基础上设计出地方政府融资体系,为新型城镇化建设提供可持续的资金来源,而不能各出各的政策,否则会因政策间的不匹配,影响地方政府的筹资规模及新型城镇化建设的进程。

本书的意义体现在:首先,本书认为解决我国地方政府的融资困境是一个系统工程,应该系统分析我国现行地方税体系融资、地方基金收入和地方债务收入三者之间的互动关系,并对其融资的数额和融资的可持续性进行测算和分析,在此基础上结合中国国情构建地方政府融资体系。此项研究在当前学术界较少,因此具有重要的研究价值。其次,党的十八大把推进新型城镇化建设确定为实现我国经济社会持续健康发展的重大战略,新型城镇化建设需要各级地方政府投入大量资金,当前的城镇化发展融资模式已经难以为继,具有不可持续性,并且带来诸多问题,如土地城镇化和人口城镇化发展不协调,地方政府债务风险加剧等。

开展构建地方政府融资体系方面的研究,有效解决地方政府城镇化进程中的融资困境,使其发展具有可持续性,有效化解金融风险具有极其重要的现实意义。

作者
2019 年 8 月

目 录

第 1 章　绪　论

1.1　研究的背景与意义

1.1.1　研究的背景

经过改革开放四十年的发展,我国城镇化水平不断提高,2018 年中国城镇常住人口达到 8.3 亿,常住人口城镇化率为 59.58%,户籍人口城镇化率为 43.37%。虽然我国城镇化率不断提升,城镇化进入快速推进阶段,但总体城镇化水平依然远远低于 80% 发达国家的平均城镇化水平,也低于人均收入与我国相近的发展中国家 60% 的平均水平,城镇化水平还有较大的提升空间。

党的十八大以来,党中央和政府认真分析我国城镇化形势和发展过程中遇到的问题,提出新型城镇化建设的道路和目标。新型城镇化突出强调以人为本,坚持城市建设与城镇化协调推进,扩大城镇基础设施和公共服务的供给和覆盖范围,提升服务水平。推进新型城镇化,需要进行大范围、大规模的公共基础设施建设(如交通、环境、教育等基础设施)、社会公共服务供给(如社会保障、就业、教育等)、保障性住房建设等,资金缺口巨大。根据 2020 年中国城市化发展目标,仅基础设施建设就需投入 20 万亿。

新型城镇化过程中,各级地方政府发挥重要作用,地方政府承担了大量的基础设施和公共服务的建设和供给任务,但由于城镇化建设中基础设施和公共服务的公益性和公共物品属性,其资金来源主要是政府筹资。同时,由于目前我国财政税收体制及金融体制难以匹配城镇化建设资金供求的现实,加之前期城市化过程中,地方融资平台不规范融资造成的债务累积风险,过分依赖土地财政等原因,目前地方政府城镇化建设面临较大的财政压力和融资困境,成为限制新型城镇化发展的巨大"瓶颈"。因此,理清地方政府融资困境形成机理,打破传统城镇化发展融资模式,构建新型规范和可持续的地方政府融资体系,对于推进新型城镇化建设具有重要的理论和现实意义。

1.1.2　研究的意义

（1）理论意义

本书认为解决我国地方政府的融资困境是一个系统工程,应该系统分析我国现行地方税体系融资、地方基金收入和地方债务收入三者之间的互动关系,并对其融资的数额和融资的可持续性进行测算和分析,在此基础上结合中国国情构建地方政府融资体系。此项研究在当前学术界研究较少,因此具有重要的研究价值。

（2）实践价值

党的十八大把推进新型城镇化建设确定为实现我国经济社会持续健康发展的重大战略,新型城镇化建设需要各级地方政府投入大量资金,当前的城镇化发展融资模式已经难以为继,具有不可持续性,并且带来诸多问题,如土地城镇化和人口城镇化发展不协调,地方政府债务风险加剧等问题。开展构建地方政府融资体系方面的研究,有效解决地方政府城镇化进程中的融资困境,使其发展具有可持续性,有效化解金融风险具有极其重要的现实意义。

1.2　研究综述

新型城镇化建设是中国未来经济增长的巨大引擎,也是破解城乡二元结构的有效途径。推进新型城镇化,需要进行大范围、大规模的公共基础设施建设(如交通、环境、教育等基础设施),建设资金缺口巨大。根据 2020 年中国城市化发展目标,仅基础设施建设就需投入 20 万亿。而公共基础设施属于公共产品,存在外部性,其建设所需的绝大部分资金只能靠地方政府进行融资。但由于我国地方政府基础设施建设融资渠道的限制和认识误区,城镇化发展给地方政府带来了极大的财政压力,资金问题或已成为新型城镇化建设的"瓶颈"之一。在此背景下,国内外学者对地方政府融资问题展开了广泛而深入的研究。

国内文献方面,研究新型城镇化背景下地方政府融资问题的文献主要集中于两大领域。一是融资渠道困境领域,此领域的研究主要集中于三个方面。(1)税收筹资困境方面:贾康(2013)认为,在结构性减税的背景下,通过改变现有税收制度、增加企业和个人的税收负担进而增加地方政府财政收入的做法并不现实。(2)地方政府基金收入困境方面:余华义等(2015)认为,地方政府高度依赖土地财政和土地融资,降低了土地供给弹性,从而助推了房地产泡沫的生成;王敏、曹润林(2015)认为,"土地财政"动力下的"土地城镇化",背离了"以人为本"的终极目标,造成了资源的巨大浪费。(3)政府债务收入困境方面:刘立峰(2009)认为,债务高起,使得我国中央政府对地方政府债务风险或危机承担着更大的责任和义务;赵尚梅、史宏梅等(2013)认为,地方政府作为大股东,在城市商业银行中的掏空行为,严重影响了银行的信贷结构和经营绩效,造成了严重的金融风险;刘伟、李连发(2013)则认为地方政府的举债行为对民间投资产生严重的"挤出效应",造成了严重的资源错配,影响了经济的长远发展。二是对策建议领域,主要从四个视角进行了探讨。(1)改革我国财政管理体制和城镇化融资模式视角。厉以宁(2013)认为,加快解决城镇化的经费问题,就要加快财税体制的改革;戴双兴(2013)则认为,传统城镇化融资所采取的"土地财政+土地金融"的模式使得地方政府债务风险陡增,提出了建立"物业税+市政债"的新型城镇化融资模式。(2)健全地方税收体系的视角。彭健(2013)认为,需要对现行地方税收体系进行整体优化,将高度依赖土地出让收入的土地财政模式,转化为依靠规范、有序、可持续的地方税收收入的"税收财政"模式;贾康(2013)认为应该推进房地产税改革、加快推进资源税全面改革、改革城镇维护建设税,健全地方税体系,为地方政府提供稳定的建设财源。(3)规范地方政府负债视角。刘立峰、许生(2010)认为,我国在政治、法律、财政、金融、土地等诸多方面存在制度和政策缺陷,地方政府融资体系创新必须开正门,堵后门,堵疏结合,强化约束,实现"法制融资、阳光融资和可持续融资"。宋立(2005)认为中国应该借鉴地方债券的概念和市政债券的机制,发展地方政府及代理机构债券融资制度。(4)地方政府融资平台管控视角。温来成、苏超(2013)认为地方投融资平台应该整合政策性金融体系、健全政府信用制度、界定政府投融资活动范围、实行法定分类管理和风险控制、健全较为完善的法律制度体系,变为承担政府综合性信用功能的公共企业。于子良(2013)认为应该从地方政府与银行系统两方面入手规范融资平台运作的各个环节,从融资平台的融资规模、资金流向、还款备付等方面规范与管理融资平台的运作。

国外文献方面,该领域的研究主要集中于两个领域。(1)城市化经费来源及建设效率领域:Mathur(2012)对印度阿默达巴德利用土地规划进行自筹经费城市化的进程进行了深入分析,认为合理的土地规划调整能够加快城市化进程,并能实现经费的持续供给;Banzhaf & Lavery(2010)系统研究了宾西法尼亚州土地税收制度实践和城市化建设之间的关系,提出开征土地税能够有效地提高土地资源的利用效率,解决城市化建设中的资源浪费问题。(2)城市房地产风险管控领域:Borjas & Trejo(2010)通过构建模型分析土地税与家庭房产投资的关系,并对土地税影响房产市场的风险进行了评估;Hitoshi Saito(2003)认为美国的房地产市场与日本有很大的不同,自由市场机制是抵御房地产市场泡沫最有效的方式。

从以上的文献梳理可以看出,国内研究对地方政府的融资渠道及融资困境的原因、风险已经分析得非常全面、细致；对于针对融资困境提出的解决方案也都切合实际，对于缓解我国当前地方政府的融资困境、化解潜在的金融风险大有裨益，国际文献方面的研究也为我们下一步从整体上解决地方政府融资困境提供了有益的经验，为本书提供了丰富的理论基础。然而通过对已有文献的分析，现有研究还需在以下两个方面进行更加深入的研究：(1)对我国三类融资渠道地方税收体系融资、地方基金收入和地方债务收入之间互动关系方面的研究；(2)构建符合我国国情的地方政府融资体系的研究。这即是今后研究的趋势，也是本书要解决的主要问题。

1.3　研究内容与方法

1.3.1　主要内容

　　本书研究的主要内容包括三个方面，图 1-1 提供了研究的基本思路和技术路线：

　　(1)地方政府融资渠道。对地方政府的融资渠道进行梳理分类，明确三类融资渠道；深入分析地方税收体系融资、地方政府基金收入和地方政府债务收入三类融资渠道和土地之间的关联关系；对三类融资渠道的资金规模和其中涉及土地的融资规模进行测算与比较分析。

　　(2)地方政府融资困境探讨。对地方政府的融资模式进行分析，探讨其在地价、房价飞涨，难以实现"人的城镇化"，挤出民间资本及金融风险累积等方面的影响；分析地方政府在经济结构升级，房价难以持续上涨背景下面临的融资困境；对地方政府的融资困境的深层次原因进行分析，变政府直接推动型的城镇化为政府规划市场推动型的城镇化。

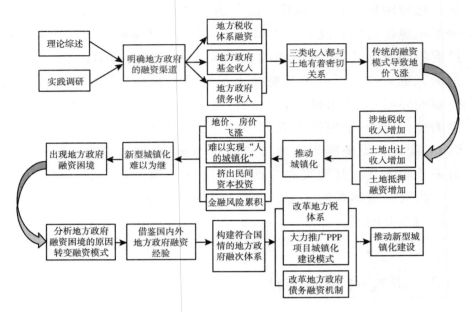

图 1-1　研究的基本思路和技术路线

　　(3)地方政府融资体系构建与政策建议。对地方税体系、PPP 项目开发模式和地方政府债务融资规模进行测算;设计地方税体系、PPP 项目开发模式和地方政府债务融资指标,进行地方政府融资体系构建;对地方政府融资体系运用神经网络模型进行建模推演,并依据模型对其融资规模进行测算与推演;依据融资体系对地方政府提出改革的政策建议。

1.3.2　重点难点

　　本书研究的重点:(1)对地方政府的融资渠道进行梳理分类,分析三类融资渠道与土地之间的关系,并对三类融资渠道的资金规模和其中涉及土地的融资规模进行测算与比较分析;(2)经济结构升级,地价、房价难以持续上涨背景下的地方政府融资困境及原因分析;(3)构建出一个以地方税收、PPP 项目开发模式和地方政府债务融资为主的地方政府融资体系,并对其融资规模进行测算及进行制度设计。

本书研究的难点:(1)分析地方政府三类融资渠道和土地之间的关系,并对三类融资渠道的资金规模和其中涉及土地的融资规模进行测算与比较分析;(2)对地方税收、PPP 项目开发模式和地方政府债务融资规模进行测算,设计指标进行地方政府融资体系建模,并依据模型对其融资规模进行推演和测算。

1.3.3　研究方法

(1)实地调研法。本书将有针对性的在全国选择五个地市进行地方政府融资情况的调查,通过实地访问土地、财政、税务、政府投融资平台等单位,收集一手资料。结合收集的数据及文献资料,运用归纳和演绎、分析与综合的方法,对当前我国地方政府的融资渠道进行系统梳理,借鉴国内外城镇化建设中地方政府融资的相关经验,进行地方政府融资体系的构建。

(2)模型构建测算法。本书将在分析梳理出地方税收融资、PPP 项目融资和政府债务融资三者量化融资指标后,构建地方政府融资体系。并在此基础上,利用神经网络模型对地方政府的融资规模进行测算,不断利用文献及实际调研得到的数据进行反复推演、调试,修订、完善地方政府融资体系。

1.3.4　基本观点及创新之处

本研究的基本观点包括:(1)当前地方政府的融资渠道除中央政府的转移支付外,其他的融资渠道都与土地有着紧密的联系,我们在进行地方政府融资困境分析时不应该割裂他们之间的联系,而应系统研究他们之间的关联关系,系统考察三者在我国城镇化建设中不可持续性的原因。(2)我们应该对地方税收、PPP 项目开发模式和地方政府债务融资规模进行系统测算,在此基础上设计出地方政府融资体系,为新型城镇化建设提供可持续的资金来源,而不能各出各的政策,导致因政策间的不匹配,进而影响地方政府的筹资规模及新型城镇化建设的进程。

本研究的创新之处在于:(1)研究视角新。从地方政府融资渠道互动的视角对当前地方政府融资困境进行研究;(2)提出的观点新。在全面分析一手资料和国内外最新研究成果的基础上,对构建地方政府融资体系提出自己的独立见解。

1.4 相关理论

1.4.1 马克思主义城市化学说

城市是社会生产力发展的结果,是人类文明进步的结晶,城市化运动是世界经济和文化发展的必然趋势。在马克思和恩格斯的著作中,有关城市起源和城市与阶级等城市化思想十分丰富,是历史唯物主义的重要组成部分。深入探索马克思主义城市理论对于如何进行城市改革,如何消灭城乡对立和差别,如何加速乡村城市化等研究,都具有重大的理论和实践价值。

马克思和恩格斯从人类文明进步的总趋势的历史高度,揭示了城市和城市化的积极意义。马克思、恩格斯在《德意志意识形式》、《英国工人阶级状况》、《政治经济学批判》、《论住宅问题》、《资本论》等著作中对资本主义生产方式和城市作了精辟的论述和总结,为城市化进程提供了重要的理论工具,他们肯定了资本主义大城市的进步性,"它创立了巨大的城市,使城市人口比农村人口大大增加起来,因而使很大一部分居民脱离了农村生活的愚昧状态。"马克思从生产关系的中深入剖析了城乡对立的形成,"城乡之间的对立是随着野蛮向文明的过渡、部落制度向国家的过渡、地域局限性向民族的过渡而开始的,它贯穿着文明的全部历史直至现在",城市化进程中必然伴随着城乡对立的出现。

马克思、恩格斯提出了解决城乡对立旳根本途径,认为消灭城乡差别最根本的出发点是通过城市化发展,大力发展生产力,坚决废除私有制;他们还预见了城乡融合,并提出了最早的城乡融合论,恩格斯在《共产主义原理》中提出:"通过消除旧的分工,通过产业教育、变换工种、所有人共同享受大家创造出来的福利,通过城乡的融合,使社会全体成员的才能得到全面发展";列宁认为:"城市是经济、政治和人民精神生活的中心,是前进的主要动力。"列宁阐述和总结了社会主义条件下的新型城乡关系,提出了消除城乡二元对立的途径,"城市比乡村占优势(无论在经济、政治、精神以及其他一切方面)是有了商品生产和资本主义的一切国家(包括俄国在内)的共同的必然现象","正是农业人口和非农业人口的生活条件接近才创造了消灭城乡对立的条件。"因此,列宁指出,让尽可能多的农村人口城市化才是消灭城乡对立的有效途径。

毛泽东关于城市化的思想是围绕农村、农业和农民展开的,毛泽东关于城市化的思想和实践成果,奠定了中国城市化发展的基础。中华人民共和国诞生前夕,党的工作重点由农村转入城市,毛主席在党的七届二中全会的报告中提醒全党:"城乡必须兼顾,必须使城市工作和乡村工作,使工人和农民,使工业和农业,紧密地联系起来。"至此,毛泽东城乡统筹的思想已经很明确,主要包括:一是城市要支援农村,工业要支援农业;二是强调正确处理农、轻、重关系,以农、轻、重为序安排国民经济计划;三是农业是国民经济的基础。毛泽东关于城乡统筹的思想,反映出他关于城市和农村逐步融合的思考,实现城市和农村的融合,是消除城乡差别的社会主义原则的一个根本方面。

邓小平的城市化理论继承和发扬了马克思和恩格斯的城市化理论以及毛泽东的城市化理论,邓小平城市化思想的创立是建立在其对正确处理好城乡关系的指导思想的基础之上。改革开放以后,城乡关系出现了深刻变化,由城乡分离和城乡对立关系转变为城乡经济融合和城乡协调发展的新型关系。在邓小平同志的城市建设思想中关于正确处理城乡关系的一个基本原则就是：城市的建设发展决不能脱离乡村这个基础，单纯意义上的城市发展不仅不能保持整个国民经济的持续增长，而从城市发展本身也是一种畸形的发展。邓小平同志敏锐地认识到：在市场经济条件下，城乡间的商品交换和要素流动是城乡商品经济发展的必然结果，只有实现市场化基础上的城乡商品交换，才有可能实现农业生产的共同增长和社会的繁荣发展。只有城乡的共同发展和融合，才能推进整个社会的进步与繁荣。

城乡融合论是马克思主义城市化学说的经典论断。马克思城市化学说从历史和社会制度的角度揭示了城市和农村的相互关系，城乡关系是影响社会经济生活全局的关键环节，随着社会主义经济的发展，城乡对立必然会走向城乡融合；还指出城乡对立的消灭并不是一步到位，达到城乡融合需要一个漫长的社会历史过程；让尽可能多的农村人口城市化才是消灭城乡对立的有效途径。

总之，马克思主义城市化学说对我国新型城镇化发展有着极其重要的实践价值。推进新型城镇化，关键要发展农村，打破我国当下城乡二元经济、社会结构，构建城乡一体化发展的机制体制，逐步实现城乡统筹。新型城镇化是消除城乡对立的现实必然选择，是统筹城乡发展的内在要求和基本途径。马克思关于城市化学说为城乡一体化发展提供了理论基础。现阶段我国要走城乡统筹的新型城镇化道路，就要在该理论的指导下，结合我国现实国情、特有的历史人文环境和特定的发展目标。在我国当前背景下，消除由城乡对立所带来的"经济不自由"，形成并发展城乡互动的"经济自由"，破除城乡二元结构、实现城乡一体是实现新型城镇化的题中之意。

以马克思城市化学说为指导，推动城乡一体化发展，要更好地发挥政府的作用。一方面政府在推动城乡一体化进程中应统筹城乡地域关系、城乡人口身份关系、城乡经济结构关系、财政与土地等的关系，建立完善城乡一体化机制，推动城乡规划、社会保障体系统筹,理清城镇化与土地开发利用的关系,保障农民的土地权益。另一方面,城乡一体化机制的最终实现还是要靠政策和制度的落实,这离不开强有力的资金支持和保障,因此政府财政收入体系与城镇化融资体系的完善是城乡一体化发展的根本保障。

1.4.2　科学发展观

科学发展观是以人为本,全面、协调、可持续的发展观。"坚持以人为本,就是要把人民的利益作为一切工作的出发点和落脚点,不断满足人民多方面的需求和实现人的全面发展,让发展的成果惠及全体人民;全面,就是要以经济建设为中心,全面推进经济、政治、文化建设,实现经济社会全面进步;协调,就是要统筹城乡发展、统筹区域发展、统筹经济社会发展、统筹人与自然和谐发展、统筹国内发展和对外开放;可持续,就是要处理好经济建设、人口增长与资源利用、生态环境保护的关系,推动整个社会走上生产发展、生活富裕、生态良好的文明发展道路。"

新型城镇化的目的是为了实现人的全面发展,城市的建设与扩大,城镇的建立和发展都要有利于提高人们的经济收入和生活质量。因此,凡是离开人的需要和人类的发展的城市建设都是不合理的。以人为本就是要保证人的全面发展,促进人的自由发展。新型城镇化发展不仅能提高人的物质生活水平,还可提高人的精神生活水平,实现人的城镇化。新型城镇化是为了让农民更好地融入城市,让更多的人享受科学技术和现代生产力发展的成果,以及享受现代城市文明成果。新型城镇化是实现人的城镇化的发展战略。新型城镇化是走低排放、低消耗、高效的集约型发展模式,走资源节约型、环境友好型的道路,促进经济发展方式的根本转变。推进新型城镇化能促进城乡一体化发展,彻底破除城乡二元结构,促进城乡公共资源的合理分配。新型城镇化是在科学发展观的统领下,以不断满足人的需求为出发点,走资源节约型、环境友好型、经济高效、社会和谐的城镇化道路。新型城镇化集中体现了以人为本、全面、协调、可持续发展的要求。因此,树立科学的城镇化发展观是中国新型城镇化发展的战略要求,是推进新型城镇化发展的行动指南。

坚持科学发展观,打破城乡对立,实现城乡融合发展,不仅仅是实现人口数量的城镇化,更重要的是坚持以人为本,推动乡村人口市民化,扩大城镇基本公共服务供给和覆盖范围,而实现这些目标都需要较大规模和可持续的资金投入。因此构建规范和可持续的城镇化建设融资体系对实现城乡一体化发展,推动新型城镇化发展至关重要。

1.4.3 公共产品理论

公共产品理论是现代公共财政理论的主要内容,公共产品理论的核心是公共产品的供给主体及最优供给规模问题。公共产品理论经历了多年的发展历程,并随着经济学理论的发展不断演进。

公共产品的理论基础最早可溯及到大卫·休谟对"搭便车"现象的论述。休谟从市场失灵和政府职能等问题入手,利用"公共草地排水"的例子说明,由于个体存在自利性,只有政府才能维护那些超越个人利益的公共利益。亚当·斯密也承认离开政府公共产品社会难以很好提供公共品,但政府应该做"守夜人",只需提供最低限度的公共服务即可。

随着经济学"边际革命"的到来,奥意学派和瑞典学派将微观经济学的边际效用理论和边际分析法应用到公共经济领域,以剖析政府行为。奥意学派的马尔科最早提出"公共产品"的概念,通过引入边际分析法,将公共产品理论的分析方法由劳动价值论推进到效用价值论。瑞典学派的威克塞尔通过引入公平问题继续发展了公共产品理论,在此基础上研究了政治秩序对公共产品供给效率的影响。他提出理想的公共品供给原则,即:应该由消费者对各种供给方案进行投票,再由政府根据投票结果确定公共品供给。但由于现实中这种理想状态不可能存在,威克塞尔进一步提出在公共品供给中用"近似一致原则"来取代"一致原则"。林达尔则基于显示偏好理论,在威克塞尔思想的基础上构建了一个包含两个消费者的模型。对于公共品的最优供给规模,他认为在一定时期、特定技术条件下和社会资源约束下,最大国民收入应等于公共产品和私人产品最大供给量之和。他进一步提出,公共品供给成本的分担原则是,两个消费者各自承担的税收等于他们各自从公共品消费中所获得的边际效用价值,并且政府自两个消费者所获取的税收总额等于公共品供给的总成本。

萨缪尔森开启了现代经济学对公共产品的研究,并首次严格区分了公共产品和私人产品。他在年发表的《公共支出的纯理论》中将公共产品定义为具有消费的非排他性和非竞争性等特征的产品。他提出了公共品最优供给的一般均衡条件:消费者对私人产品和公共产品的边际替代率之和,等于这两种产品生产的边际转换率。

现代公共经济学的先驱马斯格雷夫,在经济效率的基础上引入政治因素,将政治过程和分配公平与公共产品的有效供给相结合,研究了公共产品的有效提供问题。他的理论贡献主要有两方面:一是对公共产品的非排他性特征做了详细阐述;二是提出了对社会产品的三分法,即将社会产品分为公共产品、私人产品和有益品,认为公共品应该由政府在尊重个人偏好的基础上提供,而有益品则带有消费的强制性,是由政府强制个人消费的政治经济产品。

针对公共产品的不纯粹性和复杂性,布坎南提出了"俱乐部产品理论,认为俱乐部产品可以涵盖从纯私人产品到纯公共产品之间的所有情况。他采用成本收益分析框架,从"共同拥有"角度,研究了产品的集体供给方式和最优规模。

新制度经济学,从交易费用和产权的角度,通过比较政府和市场在提供公共产品时各自的交易费用,以供给效率为标准评判公共产品供给主体。新制度经济学提出了公共品私人供给的理论基础，认为公共品供给不存在固定模式，而是基于技术和制度的变化，以及产权和交易费用等特定约束条件，决定最优供给模式，从而得出了公共产品的供给形式可以多样化的结论。

总结公共产品理论的发展不难看出，公共产品由于其非排他性和非竞争性的特性区别于其他产品，政府在公共产品的供给中发挥着重要的作用。在新型城镇化发展过程中，公共基础设施建设和公共服务的供给是重点，而他们自身具有的公益性、公共产品属性及自然垄断的特性，使得城镇化发展过程中基础设施建设及公共服务供给的资金主要依靠政府融资。但由于我国地方政府基础设施建设融资渠道的限制和地方财政收入体系和金融体制的不足，城镇化发展给地方政府带来了极大的财政压力，资金问题或已成为新型城镇化建设的"瓶颈"之一。

1.4.4　信息不对称理论

信息不对称理论认为，在市场经济活动中，各类人员对有关信息的了解是有差异的；掌握信息比较充分的人员，往往处于比较有利的地位；而信息缺乏的人员，则处于比较不利的地位。阿克尔洛夫、斯宾塞、斯蒂格利茨等三位经济学家分别从商品交易、劳动力和金融市场三个不同领域研究了这个问题。阿克尔洛夫1970年发表的论文《次品市场》对二手车市场交易进行了研究，开创了逆向选择理论的先河。他发现，二手车市场交易存在逆向选择效应，质量高于平均水平的卖者会退出市场，而质量较低的才会进入市场，"劣币驱逐良币"，进而摧毁消费者对市场的信任，导致市场的萎缩。斯宾塞的博士论文《劳动力市场的信号》对劳动力市场信息不对称问题进行了研究。他发现，在劳动力市场上存在着用人单位与应聘者之间的信息不对称现象，应聘者对自己个人能力、素质等方面具有信息优势，而用人单位对本单位经营业绩等情况具有信息优势。进而他认为，无论是个人、企业还是政府,当不能直接表达其个人偏好或意图时,信号显示可以提供有效的帮助。斯蒂格利茨对保险市场进行了研究,他发现,由于被保险人与保险公司之间存在信息不对称,车主购买保险后反而会疏于保养,导致保险公司赔付率上升,进而又提高保费价格,增加被保险人负担,陷入恶性循环。基于上述研究,信息不对称理论认为,信息对市场经济具有重要影响,政府应加强对经济运行的监督力度,使信息尽量由不对称到对称,以此来纠正市场失灵。

新型城镇化建设过程中,基础设施建设和公共服务的供给主要依靠政府投入,政府在融资过程中存在着一定程度的信息不对称现象。中央政府和地方政府信息不对称,导致中央政府对地方政府融资规模的管控与地方政府融资需求之间存在一定的偏差,难以满足地方政府城镇化建设的融资需求。同时,地方政府在融资过程中与金融机构等资金供给方也存在着一定程度的信息不对称,特别是地方政府融资平台的融资行为,导致地方政府债务风险累积。因此,完善地方政府融资体制,建立规范可持续的地方政府融资体系,有效化解地方政府债务问题,是推进新型城镇化的关键。

1.4.5　委托—代理理论

委托—代理理论(Principal-agent Theory)诞生于 20 世纪 60 年代末 70 年代初。此前,新古典厂商理论中的阿罗—德布鲁(体系所宣称的企业"黑箱"理论)对企业组织结构和生产行为的假设过于人格化。随着现代股份制企业的发展,在企业组织结构中所有权与控制权(或经营权)分离,导致信息不对称问题更加突出,"黑箱"理论已难以解释现代股份制企业的诸多行为。

Ross 于 1973 年提出了委托-代理关系的概念。所谓委托-代理关系,就是指作为委托人的个人(或群体)通过契约,授权作为代理人的另一个人(或群体)行使决策权,以实现委托人的利益。

委托-代理关系普遍存在于现代经济的各种组织之中,它不同于一般的雇佣关系,是一种契约关系,泛指任何一种涉及非对称信息的交易。其中,交易中具有信息优势的一方称为代理人,具有信息劣势的一方则称为委托人。委托代理理论致力于研究委托人和代理人之间信息不对称、利益不一致和激励机制问题。

城镇化建设融资过程中实际存在着多层委托代理关系,中央政府与地方政府、地方政府与地方融资平台、融资平台与其他投资公司等,这种多层的委托代理关系中或多或少存在着利益的不一致,信息优势一方可能会出于自身利益而采取不合理的行为,从而引发逆向选择和道德风险。这种复杂的委托代理关系中由于信息不对称,导致地方政府债务问题累积,债务风险加剧,给新型城镇化的发展带来了不利影响。

1.4.6 预算软约束理论

预算软约束(Soft Budget Constraint)的概念最早由 Kornai 于 1980 年在分析社会主义经济时提出,是指社会主义国家的国有企业在发生亏损或面临破产时,政府通常会通过财政拨款、追加投资、减税或提供补贴等方式进行救助,以保证企业存活下去。在财政联邦主义的财政分权体制下,预算软约束是指年度预算安排能否对各级政府尤其是地方政府形成强有力的制约。

由于特殊财税体制,我国长期以来存在着不同程度的预算软约束的问题。长期以来,地方政府和国有企业缺乏明确的硬性约束,对于地方政府破产也没有明确规定,加之中央政府对地方政府的转移支付和各类隐形补贴,进一步强化了地方政府的过度支出的动机,造成了地方政府债务激增,特别是地方政府融资平台承担了大量政府性债务,增加了地方政府债务的风险。同时,我国地方政府官员的任期和考核与激励机制尚不完善,地方官员为了提高地方 GDP 而过度举债,增加了地方债务风险,影响了新型城镇化的推进和地方经济的健康发展。

1.4.7 财政分权理论

围绕怎样达到中央政府效率与公平的目标,财政界长期以来存在两种主要的理论:集权理论和分权理论。一个有效率的经济具体到财政方面,就是如何对配置资源本身的权力进行配置,使其达到最优。这也是财政集权和分权理论研究的核心问题。现代财政理论认为,除了少数全社会成员共同受益的公共产品由中央政府提供外,其他公共产品采取分级政府提供的方法,一般会更有效地克服上述缺陷。这是因为,各级地方政府往往能够比中央政府更好地了解本地区居民对不同公共产品的偏好状况,可以更经济地平衡公共产品的成本与收益。另外,地方政府是在相对较小的范围内提供公共产品,所以可以最大限度地了解居民对公共产品的需求偏好,能够对所负责提供的公共产品在数量、质量、结构上进行综合考虑,以最大限度地促进财政资源的有效利用,从而提高国家全部财政资源的总的社会效用。

我国实行分税制以来,部分税收权利划归中央,地方政府财政收入来源相对减少,但地方政府承担大量包括城镇化建设在内的经济建设、民生工程等实际事务,导致地方政府财权和事权的不对称。加之地方政府为了考核和政绩,不得不拓宽融资来源,通过政府融资平台举债和土地财政来增加融资和收入,这加剧了地方政府的债务风险和对土地财政的过度依赖,一定程度上阻碍了地方金融体系的健康发展和房地产市场以及新型城镇化建设。

结合相关理论观点,我们不难看出,完善地方财政税收体制,构建规范高效的地方融资体系,有效化解地方政府债务风险,增强地方政府融资的可持续性,对推动新兴城镇化建设具有重要的意义。

第 2 章 我国新型城镇化推进现状及理论界定

2.1 我国城镇化进程中存在的问题

2.1.1 对城镇化理论内涵认识不足

当前,相当一部分人尤其是一些政府决策者,对城镇化的理论内涵认识不足,把城镇化发展简单地等同于城镇规模的扩张和农村人口向城镇的转移。虽然城镇化发展包含城镇规模的扩张和农村人口向城镇的转移,但其绝不是城镇化发展的全部。城镇化发展不仅仅是城镇地域规模的扩张和城镇人口的增加,更重要的是农村人口生产生活方式的转变,农业剩余劳动人口转向非农产业,农村基本公共服务均等化,农业活动工业化、信息化,生活方式、文化活动方式、思维方式以及价值理念的转变等,是集中化、组织化、规模化、公共化、便利化和人性化等"六化"的有机统一,这"六化"紧密相连,共同构成了城镇化的基本内涵。

近年来,一些地方政府在落实城镇化政策的时候,没有很好地领会中央的政策意图,或者尽管能够把握政策的内涵,但囿于当前政府官员的考核机制,导致地方政府往往把政策的重点放在城镇建设上,甚至用城镇建设代替城镇化,出现了"逼农民上楼"、盲目"旧城改造"、道桥"翻新重建"等扭曲的经济行为,这是在错误认识指导下产生的结果。一些地方政府甚至打着城镇化的旗号,上马一批"形象工程",以谋取政绩,损害了公众的利益,也使公众对城镇化产生了一定的误解。

2.1.2　城镇化落后于工业化

城镇化的表面特征是农村人口向城镇的转移,而背后起决定作用的则是第二、第三产业的发展,特别是工业化的发展。工业化是城镇化的根本动力,城镇化又反过来促进工业化的发展,二者必须协调发展、同步推进。然而有些地方政府在制定城镇化政策时,简单地将城镇化等同于工业化,片面强调要在本地区建设多少工厂、建多少大型制造业基地。反映在工作上,就是不惜代价招商引资,盲目上项目,但忽略了城镇化与工业、服务业发展相互促进、共同前进的关系,忽视城市与农村文化价值和人文环境的融合。还有一些地方政府在制定城镇化政策时,脱离本地实际,只重视现代工业和服务业的发展,不重视那些虽然不起眼,但能增加就业、吸纳农民进城的劳动密集型工业和传统服务业的发展;只重视城镇产业的发展,忽视农业的发展;只重视经济的发展,忽视城乡文化和生活方式的融合。

统计数据显示,2011 年,中国按照国内生产总值比重计算的工业化率是 46.8%,非农化率是 89.9%;按照就业人员比重计算的工业化率是 29.5%,非农化率是 65.2%;按照包括进城农民在内计算的城镇化率是 51.27%,按照城镇户籍人口计算的城镇化率只有 35%左右。这表明,中国现在的城镇化水平总体上仍然落后于工业化和经济发展水平。

城镇化滞后于工业化造成中国经济社会发展中产生了一系列内在矛盾,并日益成为制约当前经济社会持续、快速、健康发展的突出问题。城镇化相对滞后抑制了消费需求的增长和升级,抑制了产业结构的调整和升级,抑制了经济发展效率的提升,不利于工业化的可持续发展。因此,现阶段依然需要积极稳妥推进城镇化。

2.1.3　人口城镇化滞后于人口非农化和土地城镇化

人口城镇化滞后于人口非农化主要表现为"半城镇化"现象,

这是目前中国城镇化质量方面存在的突出问题。完全意义上的城镇化应该是农民在城镇就业并且同时成为市民。所谓"半城镇化"是指农民已经进城务工经商,实现了非农化,但是身份还是农民,没有实现市民化,还不是市民,不能享有与城镇居民同等的社会保障和福利待遇,这就是中国农民工现在的状态,这也表明农民城镇化滞后于农民非农化,使得农民工问题特别突出。2012 年 52.6%的城镇化率是不完全的、有"水分"的,其中包括部分"半城镇化"的人口。如果只计算城镇户籍人口,中国现在的城镇化率只有 35%。虽然较改革开放初期城镇化严重滞后的状况有了非常大的改观,但是依然没有从根本上改变滞后状况,还必须重点促进农民工特别是新生代农民工的市民化,消除"半城镇化"现象。

人口城镇化滞后于土地城镇化,主要表现为农民城镇化滞后于农地城镇化。农民城镇化是指农民到非农产业就业并成为市民,农地城镇化则是指农业用地转变为工商业和城镇用地,这二者是工业化和城镇化的必然趋势,工业化和城镇化的过程也就是农民和农地城镇化的过程。二者必须协调发展,否则,不是占用农地过多,导致土地资源的浪费和大量无地、无业、无社会保障的"三无农民"的出现,严重影响粮食安全和社会稳定,就是农民进城过多,造成"过度城镇化",产生严重的"城市病"和"农村病",形成大面积的"贫民窟",导致农村的衰败凋敝。因此,必须正确处理农民和农地城镇化的相互关系,实现二者的协调共进。这一点对人多地少、人均耕地面积大大低于世界平均水平、人地矛盾十分尖锐、农民数量巨大、三农问题突出的中国,更是显得尤为重要。改革开放 40 年来,中国的城市建成区面积扩大了 4 倍,但城镇人口只增加了 1.6 倍。据有关研究,中国现在有数以千万计的"三无农民"。由此可见,农地城镇化的增长速度要比农民城镇化的提高速度快得多。

2.1.4　城镇化发展的区域不平衡

目前,我国城镇化水平出现东高西低的态势。东部沿海发达

地区,尤其是长江三角洲、珠江三角洲、京津唐等地区的城市群逐渐成熟,城镇化发展迅速,而西部地区尤其是青海、西藏等地受地域条件、经济发展程度以及对外开放水平等因素的限制,城市发展缓慢,缺乏活力,城镇化率依然处于较低水平。

截至 2011 年年底,东部地区的平均城镇化率达到了 65.08%,而中部和西部地区则分别只有 48.45% 和 42.81%,东西部相差 22.27 个百分点。从各省、市、自治区的情况看,地处东部的北京、天津、上海三大直辖市的平均城镇化率高达 85.33%,远高于西部地区的重庆市。除四大直辖市外,城镇化率最高的广东省已达到 66.5%,最低的西藏仅有 22.71%,二者相差 43.79 个百分点。

2.1.5　小城镇建设缺乏宏观规划,土地资源浪费严重

目前我国的城市规划仍局限在大城市,新兴小城镇的建设基本处于缺乏规划的无序状态,小城镇建设带有很大的随意性,城镇布局凌乱,工业区、居民区等交错分布,没有明显的功能分区,不仅给城镇的管理带来不便,同时也造成土地资源的严重浪费,增加了环境治理的难度;有的小城镇甚至放弃已经形成的原有集镇,重新征地建设新城镇。城镇的水、电、煤气、通信等基础设施存在重复布局和施工的现象,不仅造成人力、物力和财力的巨大浪费,也使得城镇建设用地的集约化程度降低,造成土地资源的浪费,使农村人与地之间的矛盾变得更为突出。

2.1.6　土地使用管理混乱

由于我国现行农村土地制度是集体所有制,农民对所使用的土地的权利不具有资本性质。到目前为止,法律所赋予农民的土地产权虽是"长期而有保障的土地使用权",但事实上这一权利具有一系列非常严格的限定。一是农民手中的这块土地仅限于农

业用地使用,这种硬性规定导致农民对土地的产权被限制在农产品种植权和从事农业耕作的收益权上;二是尽管允许农民对所承包的土地进行"自愿、有偿、依法转让",但转让范围也仅限于农业用途;三是农民对所承包的土地不拥有出让权和抵押权。以上种种限制使农民的土地权利只具有为他们提供生计的功能。城镇化过程中,农民无法从土地价值上受益,也无法出让或变现土地,导致农民进城务工时一无所有,土地抵押权的缺失使农民没有利用土地作为抵押品获得金融资本的权利。农民尽管被赋予了对土地的使用权、收益权和转让权,但是这种有限的权利还是约束了土地对于农民的资产功能的实现,从而迫使农民在参与工业化和城镇化进程中长期处于被动地位。可见,政策稳定性不足也成为农民利益受损、合法利益无法得到有效保障的原因,失地农民损益补偿难以实现。倘若农民失去了赖以生存的土地,那么因技能的缺失而无法从事其他行业,造成生活无保障的现象将时有发生,而且衍生出的一系列问题也无法得到解决。同时,也应注意到,国家城镇化进程的不断加快很有可能导致农用耕地的减少,影响我国农业产业化经营,影响我国农业的可持续发展。不能因为城镇化问题,强硬地征收土地,从而导致农民生活无保障,农业发展无后盾。

2.1.7 部分地区盲目追求城镇化速度,经济功能缺失

全国人大财经委在报告中称,一些地方借推进城镇化之名,盲目追求城镇化速度和城镇化率,大搞基础设施建设和房地产开发投资,超前规划各种工业园区、开发区和新城区,缺乏产业支撑,造成很多"空城",占地过多。2002—2011 年,我国城市建成区面积增长 76.4%,远高于城镇人口 50.5% 的增速,城镇建设用地年均增长 110 万亩以上,但开发强度普遍偏低,工业用地容积率一般只有 0.3~0.6,而发达国家和地区一般在 1 以上。如果一个城镇在城镇化过程中没有优势产业和特色经济作为支撑,则必然

会导致其经济基础薄弱、功能不健全,从而会发展成为一个缺乏造血功能、没有发展动力的城镇。

2.2　新型城镇化概念的界定与内涵

中国"新型城镇化"是在总结西方城镇化和传统城镇化的经验和教训的基础上,结合中国当前发展实际和国情提出的城镇化新思想、新理念,也是对自身城镇化实践的逐步完善。正确理解"新型城镇化"的内涵与实质,对于我们进行新型城镇化建设具有十分重要的意义。

2.2.1　新型城镇化的理论定义

党的十八大报告提出,"新型城镇化是坚持以人为本,以新型工业化为动力,以统筹兼顾为原则,推动城市现代化、城市集群化、城市生态化、农村城镇化,全面提升城镇化质量和水平,走科学发展、集约高效、功能完善、环境友好、社会和谐、个性鲜明、城乡一体、大中小城市和小城镇协调发展的城镇化建设路子。"透过报告我们不难看出,新型城镇化区别于传统城镇化,总体体现在以下几个方面:

首先,从世界城镇化的发展史看,中国的新型城镇化是现代化的城镇化,有别于发端于近代的传统城镇化;其次,从不同国别看,中国的新型城镇化是基于中国国情的城镇化,有别于其他国家的城镇化;再者,从中国城镇化发展进程看,新型城镇化是中国城镇化的新阶段,有别于过去时期的城镇化。因此,我国新型城镇化是对过去城镇化道路的思考与经验教训的总结,是对传统城镇化和西方城镇化道路的超越与发展,具有丰富的理论内涵。总体上我们可以从以下三个方面理解和把握新型城镇化的内涵:

新型城镇化是以科学发展观为指导,统领城镇化建设。推进新型城镇化,是贯彻科学发展观的重要战略性举措。同时,新型城镇化必须按照科学发展观的"以人为本,全面、协调、可持续"的原则进行。

新型城镇化遵循"四化协调"的基本原则。党的十八大提出,走中国特色新型工业化、信息化、城镇化、农业现代化道路,人们称为"新四化"。这个提法,第一次把城镇化和工业化、信息化、农业现代化并列,强调新型城镇化应该和工业化、信息化、农业现代化协调发展、同步发展。

新型城镇化体现"五位一体"的基本要求。党的十八大还提出,要经济建设、政治建设、文化建设、社会建设、生态文明建设"五位一体"地建设有中国特色的社会主义。这就要求,新型城镇化建设,不单纯是经济建设,而是涵盖这五个方面建设的综合性系统工程。

所以,就理论内涵来说,新型城镇化实质是以科学发展为指导,体现"四化协调"、"五位一体"的有中国特色的现代城镇化道路。这也可以被看作新型城镇化的定义,它告诉了我们新型城镇化的指向,确定了新型城镇化的方向、内容、目标、途径、要求和方法。对此,我们可以从这三个方面对新型城镇化进行详细的分析和解读。

2.2.2 以科学发展观为指导

科学发展离不开城镇化,城镇化是中国实现科学发展的重要组成部分。可以说,没有城镇化就不可能实现现代化。

同时,新型城镇化必须以科学发展为指导。科学发展涵盖的"以人为本""全面、协调、可持续"的原则,都是推进和实现城镇化的基本原则。

从"以人为本"的基本原则看,城镇化是实现"中国梦"的重大举措。而实现中华民族伟大复兴的"中国梦",说到底是为了中国人民过上更加幸福的生活。人是城镇化的核心要素,推进城镇化不能见物不见人,应该既见物,更见人。城镇化的主体内容是人的就业和身份的转变,这个转变过程,同时也是造福人民的过程。因此,不能以牺牲人的利益,特别是农民的利益去推进城镇化。是否"以人为本"是衡量城镇化最基本的标准。

从"全面、协调、可持续"的原则看,"五位一体"的新型城镇化就体现了"全面"的原则,"四化协调"的新型城镇化就体现了"协调"的原则。中国经济和中国社会发展到了今天,只有坚持"全面、协调"的原则才能持续健康发展。中国的城镇化到了今天,也只有坚持"全面、协调"的原则,才能持续健康发展。

从城镇化的基本规律来看,无论是一个根据——劳动产率;二力协调——工业的拉力和农业的推力;三个要素——人、业、地;四类主体——政府、企业、居民、智库;五个杠杆——资源、资金、技术、文化、谋略;还是一个成果——现代化的城镇体系,都包含着"全面、协调、可持续"的要求。今日之中国,用科学发展指导城镇化,推进城镇化,既是对城镇化基本规律的遵循,对世界各国城镇化经验教训的借鉴,又是依托中国实际,对城镇化理论和实践的新发展。

2.2.3　遵循"四化协调"原则

新型城镇化是协调同行的战略平台,新型工业化是协调同行平台的根本支柱,农业现代化是协调同行平台的战略堡垒,新型信息化是协调同行平台、支柱和战略保垒提升水平的重要手段。在绘制新型城镇化路线图中,必须统筹考虑和安排"四化"同步发展,充分发挥新型城镇化的战略平台、新型工业化根本支柱、农业现代化战略堡垒和新型信息化的重要作用。

(1)城镇化要与工业化协调和同步

城镇化和工业化同步似乎是个老问题,是世界各国城镇化的共同经验。但是,中国的新型城镇化是在世界工业化新形势下进行的,如今的工业化又有了新的内容和要求。

第一次工业革命,是由煤炭作为能源主体的应用,燃汽机的发明,带动整个工业的发展变化。第二次工业革命,是由石油作为能源主体的应用,电力的普及,带来了整个工业的发展变化。现在,世界正面临着第三次工业革命,这次工业革命是新能源和信息技术的结合,将引发整个工业的发展变化。

就中国来说,我们正在做第二次工业革命的补课,同时还必须赶上时代潮流,不失时机地开始第三次工业革命。就第三次工业革命来讲,世界各国,包括发达国家,都处在同一起跑线上,中国有可能走在世界前列。例如,光伏产业,中国光伏元器件的产量已经占全世界6%以上,是绝对的冠军。只要加大本国利用的力度,就会展现出世界瞩目的新局面。

所以,新型城镇化与工业化的协调和同步,包含着新的内容和要求。

(2)城镇化要与信息化协调和同步

信息产业的兴起和互联网的普及,主要是21世纪的事情,信息化当时是一个新课题,信息化首先改变了经济领域,改变了工业模式、商业模式和经济规则。

工业与手工业相比,它的优势首先在于规模效应。以往的工业主要是"集中型规模",大企业集聚了很多工人,而且聚集在城市。商业也是集中型的,出现了许多大的商场和商业街。

以互联网和移动通信为载体的信息化,改变了空间关系,缩短了沟通距离,降低了交易成本,过去的工业和商业的"集中型规模"正向"分散型规模"转变。网上购物迅猛发展,中小企业有了平等竞争的机会。信息化也必然扩展到城市建设和城市管理上。现代的城市管理应该是信息化的管理。

西方国家在实现工业化和城镇化的时候,现代信息技术还没有出现,我国则可以把信息化和城镇化结合在一起进行。新型城市群建设、"智能城市"建设,信息化在城市建设、公共服务和城市管理的广泛运用,都是新课题。

所以,新型城镇化与信息化协调和同步,包含着新的内容和新的要求。

(3)城镇化要与农业现代化协调和同步

农业劳动生产率的提高,在当今,就是实现农业现代化。

对农业现代化需要有新的认识和理解。过去,人们对农业现代化的理解,更多的是通过机械化、化学化、企业化改造农业,使之成为"农业工业"。现在来看,这样的现代化带来许多问题。例如,农业生产消耗大量石油能源,土地板结问题日益突出,农产品农药残留难以解决,生物多样性遭到破坏。所以,必须重新审视农业现代化的内涵。以自身生物链循环为主的传统农业模式,其特殊优势重新引起人们的关注。人们对农产品的需求水平也在提高,不再仅仅是填饱肚子,更要求感官享受和健康。于是,有机农业应运而生,并在世界范围内迅速发展。

据国际相关机构研究发现,1911 年,以传统农业为主的中国,每 1 公顷土地可以养活 5 个人,而以机械化、化学化为主的美国农业,需要 1.2 公顷土地才能养活一个人,相差 5 倍多。这个机构的统计还表明,2011 年,世界有机农业种植面积是总耕地面积的 0.86％,产值已经达到 630 亿美元。欧美发达国家的人主要消费有机农产品。

有机农业是农业现代化的重要方向。这就需要重新审视已有的农业观念:工业化的农业是不是农业发展的方向? 美国的农业是不是所有国家农业发展的标杆? 所有农产品是不是都是低价产品的代名词? 第一产业产值在国民经济中的比重是不是越低越好? 农业人口是不是越少越好? 我们更要看到,城镇化并非仅仅是发展城镇,它的重要目标是实现城乡一体化。所以,新型城镇化与农业现代化协调和同步,包含着新的内容和新的要求。

2.2.4　体现"五位一体"要求

新型城镇化必须是经济建设、政治建设、文化建设、社会建设、生态文明建设"五位一体"的城镇化。

（1）城镇化与经济建设

城镇化是经济建设方面的事，没有第一次产业、第二次产业、第三次产业的发展，就没有城镇化，没有经济的协调持续发展，就没有城镇化的持续健康推进。这个道理已为众人所了解。

（2）城镇化与政治建设

城镇化建设，国家和各级政府占据着统领全局的地位，国家的制度和政策、政府的行为和举措，对城镇化的顺利和健康地推进起着关键作用。城镇化既要遵守市场经济规律，又要发挥政府应有的作用，必须要把"无形的手"和"有形的手"结合起来。而且，城镇化带来的经济变化、社会变化、文化变化，特别是社会阶层的变化，必然带来新的政治诉求和新的政治生态，必然提出政治建设的问题。

（3）城镇化与文化建设

社会的变化，必然要求文化的变化。传统的农耕文化，既不能适应城镇化中发展起来的城镇，也不适应城镇化中发展起来的现代化的农村，人的文化素质不高和不适应，将会成为城镇化顺利进行的巨大障碍。从城镇文化的发展到乡村文化的提升，城乡人口文化素质的建设和提升，成为迫切需要解决的问题，如果没有职业意识的树立，没有一定的素质技能，没有对城市运行规则的认同，农民即使进了城，也是难以适应的。毛泽东早就提出"严重的问题是教育农民"，指的便是个体农民向集体农民转变的文化适应问题。现在看来，还必须解决从传统农民向现代市民转变的文化适应问题。

（4）城镇化与社会建设

城镇化绝不仅仅是经济方面的事情。城镇化的直接内容是农村人口向城镇人口的转移。这个人口大转移，必然带来城乡人口结构的变化，人口结构的变化必然带来社会结构的变化，带来人与人的关系、各个阶层关系的变化，带来生活方式的变化。这就必然为社会建设提出了新的问题。

（5）城镇化与生态文明建设

在城镇化过程中，环境和生态面临着新的挑战，工业化的发展，本身就会带来对环境和生态的破坏。人口向城镇的集聚，尤其会产生新的环境和生态问题。人口分散的农村，一家一户的垃圾、废水，不会成为大问题，能源消耗中所产生的各种污染物的排放，也不会成为大问题。但在城镇中，几万户、几十万户、几百万户的垃圾和废水集中起来，各种能源浪费所排放的污染物集中起来，对环境和生态的影响就十分巨大，解决这些问题就变得非常困难。我们提出"美丽中国"的理念，在与大自然紧密结合的农村，中国之美丽，相对比较容易实现，在人工建设的"水泥森林"构成的城镇，相比是更难实现的事情。但没有美丽的城市，便没有美丽的中国，这就必然提出了生态文明建设的问题。这个道理已经被人们意识到，但解决起来非常困难。

用"五位一体"的思想指导城镇化，才能避免任何一种片面性，才能协调城镇化进程中各个方面的联动关系，才能保证我国城镇化沿着有中国特色社会主义道路前进。

第3章　城镇化推进过程中的地方政府融资的重要性

3.1　城镇化进程中地方政府的协调作用

在城镇化的进程中,地方政府扮演着多重角色,如何扮演好每一个角色,并且协调好各个角色之间的关系,对于地方政府来说是一个不小的挑战。这就要求地方政府必须做到因时制宜、因地制宜、因事制宜,准确把握城镇化进程的节奏,顺应城镇化发展的趋势,同时避免盲目"造城"。

(1)作为城镇化的推动者,地方政府必须把握好推动的力度

首先,必须承认城镇化建设是有难度的。从静态来看,各类公共设施和公共服务的供给本身就需要大量的资源投入,受限于资源的有限性,地方政府必须做好战略规划,才能使得城镇化有条不紊地开展。从动态来看,包括人口流动、产业调整、宏观环境等在内的诸多变化都会对城镇化提出新的挑战。因而,推动城镇化的过程也是对地方政府的一种考验。面对众多难题,个别地方的城镇化建设出现了发展速度较慢甚至是停滞不前的现象。

其次,也有一些地方政府推动城镇化时用力过猛,忽视了城镇化发展的自然规律,超前开发建设各种基础设施,不仅不能充分发挥其效用,而且还容易造成资源的严重浪费,使得一些真正需要资源投入的领域未能获得充分的重视。

再次,地方政府作为城镇化的推动者,必须充分掌握城镇化发展各个阶段的特点,以实际需求作为导向,认真把控好推动的

力度,协调好城镇化与地方经济发展的节奏,实现共赢。此外,由于城镇化的资源需求巨大,容易导致同一地区不同地方政府之间形成相互竞争的关系,而这种竞争主要体现为对土地、资金和人才等资源的争夺。毕竟在一段时期内,同一地区的土地、资金和人才资源是相对有限的,各地方政府从自身发展出发,也许都希望能够获取更多的资源,以便在城镇化发展中占据领先优势。在这种情况下,上级政府必须要协调好本地区各级地方政府之间的关系,在充分发挥市场机制的基础上,根据各地的实际需求和具体情况合理分配资源,避免任何形式的不良竞争拖延城镇化发展的步伐,努力实现整个区域经济的协调化、均衡化发展。

(2)作为城镇化的规划者,地方政府必须保证城镇化发展规划的合理性

地方政府不仅有责任推动本地区城镇化的建设,而且有义务参与本地区城镇化建设的具体规划工作。规划工作对于城镇化发展具有现实的导向性和规范性作用,因而是极为重要的。在规划时,地方政府通常要对多方面的因素进行综合分析与判断,力争实现城镇化的收益和效率的最大化。

首先,本地区城镇化的现状是地方政府必须要考虑的事情。就目前来看,我国不同地区的城镇化发展程度有所不同,有的地区相对领先,有的则稍显落后;城镇化的速度也不同,有一些城镇化率较高的地方的发展速度已开始下降,相反,一些相对滞后的地区目前正在加速;不同地区城镇化的特点也不尽相同,因基础条件和发展路径不同而呈现出不同的发展形态。地方政府需要全面掌握本地区城镇化的现状、特点和难点,充分结合本地实际情况来制定规划。

其次,地方政府要制定适合本地区特征的城镇化发展目标,包括短期目标、中期目标和长期目标。地方政府应充分考虑城镇化发展的基本规律和阶段性特征,以人民群众的利益为出发点,本着务实原则,切实制定好宏观目标和具体目标。

　　再次,在制定规划时,地方政府应明确城镇化的路径或者模式,这也是规划制定中比较困难的部分。从各地区城镇化发展的情况来看,目前已经形成了各具特色的城镇化模式,具体包括以大城市带大郊区发展的成都模式、以宅基地换房集中居住的天津模式、通过产业集聚带动人口集聚的广东模式、以乡镇政府为主组织资源的苏南模式以及以个体私营企业为主体的温州模式等。地方政府规划城镇化发展路径时,必须从实际出发,绝不能简单照搬其他地区的现有模式。换句话说,城镇化并没有统一的模式可言,地方政府应勇于探索,敢于创新,探寻出符合本地特色的城镇化之路。

　　城镇化的发展规划需要满足四个基本属性,它们分别是继承性、灵活性、前瞻性和协调性。继承性是指地方政府在规划时应保持规划思想的连贯性,避免因人为因素造成规划思想的中断或突然转换,为城镇化建设的具体实施带来困惑。规划本身提供的更多是一种方向性的指导,在具体措施上应预留一定的空间,鉴于不断变化的经济环境和市场环境,为了保证规划的适应性和合理性,需要注意规划本身的灵活性,这样可以避免不必要的经常性调整。另外,前瞻性也是规划设计过程中必须关注的问题,地方政府应该对本地区的发展趋势和城镇化的趋势做出总体的判断,站在宏观的角度上,用发展的思维来制定规划。

　　最后,规划城镇化的蓝图时,需要做好各方面的协调工作,具体要协调好三个方面的关系:一是协调好城区规划与村镇规划的关系,做好本地区发展的整体布局,避免城区发展与村镇发展之间出现矛盾;二是协调好公共设施与公共服务的关系,在扩大公共设施固定资产建设的同时,提高公共服务的质量和水平,避免"重资产轻服务"的现象出现;三是协调好供给和需求之间的关系,正确认识供给、需求机制,对城镇化的资源需求进行合理预估,使得供给与需求之间达到更好的匹配。

3.2　城镇化进程中地方政府融资的必要性

现阶段,我国城镇化进程正在持续、深入地向前推进,城镇化进程的推进不仅依靠市场机制发挥作用,而且还需要政府在政策、制度和资金等方面的大力支持,其中,地方政府的力量不可小觑。打个比方来说,城镇化好比是一列前行的火车,为了保证火车持续、快速运行,必须适时为火车提供充足的动力,而这动力的来源有很多种,地方政府融资就是有效的推动力之一。

在分析地方政府融资对城镇化建设的作用时,我们从现阶段我国城镇化的基本特征入手,着重分析我国城镇化进程中的人口、土地和资金等方面的特征,并以此为出发点,探究城镇化进程中强烈的资金需求以及地方政府在此过程中所发挥的作用,最后深入分析地方政府融资的必要性。

3.2.1　我国城镇化的特征分析

关于城镇化的基本概念和外延,在前面的章节中已经做了充分的论述,这里不再赘述。简单地说,城镇化主要是指伴随着现代工业发展和分工细化而产生的人口从农村向城镇集中或转化的过程。从这个角度来讲,城镇化是一个动态的过程,而非静止的状态。实际上,城镇化的逻辑起点是人口、土地和资金的流动,人口、土地和资金的流动在某种程度上带动了规模经济、专业化生产、交通运输和市场贸易等方面的发展,并且进一步促成了生产结构、就业结构、消费模式和居住方式的四个转变,而这种转变发生的地方就会形成或扩大城镇、城市。

那么,下面我们着重从人口、土地、资金等方面来研究我国城镇化演进过程中的主要特征。

3.2.2 我国城镇化进程之"人口城镇化"

可以说,人口城镇化是城镇化最主要的内涵。从抽象的意义上讲,所谓"人口城镇化",通常是指人口向城镇集中,或者因农村变为城镇而使得农村人口变为城镇人口,最终导致城镇人口在全部人口中的比重上升的过程。以此出发,我们可以将人口的城镇化分为两种情况,一种是人口主动从农村走向城镇的主动城镇化,另一种是因农村变为城镇而使农村人口变为城镇人口的被动城镇化。

在我国的城镇化进程中,人口的城镇化过程表现得极为明显。首先,很多农村居民因就业等原因主动选择到城镇生活,为城镇的快速发展、建设发挥了十分重要的作用,农民工群体就是其中的典型代表之一。其次,随着城镇化的推进,我国每年有大量农村变为城镇,农村居民原有的就业方式、生活方式和居住方式等也发生了相应的转变,逐渐完成了由农村生活向城镇生活的过渡。在我国,人口的主动城镇化与被动城镇化同时进行,使得农村人口数量逐渐由"正增长"转变为"负增长"。统计数据显示,1996—2012年,我国农村人口总量持续下滑。1996年农村人口数量为8.51亿,城镇人口有3.73亿,农村人口占比为69.52%;2011年,城镇人口数量首次超过农村人口,农村人口占比下降到50%以下;到了2012年,农村人口只有6.42亿,城镇人口为7.12亿,农村人口占比为47.43%。我国人口城镇化的进程由此可见一斑。

另有统计数据显示,1980—2018年,我国大约有2.57亿的农民转变为职业工人。此外,根据中国发展研究基金会公布的《中国发展报告2010》预计,2010—2030年,我国将以每年2000万人的速度,实现农村人口向城镇人口的转化。也就是说,在这20年中,大约会有4亿左右的农村居民转化为城镇居民。可见,我国人口城镇化的发展空间还有很大。

事实上,人口的城镇化是我国城镇化进程中的必由之路。一方面,在城镇化进程的初期阶段,城镇人口规模较小,不足以完全支撑城市经济的结构转型和发展速度,因而需要农村人口对城镇人口进行必要的补充,从"量"的角度为城镇建设提供必要的人力资源;另一方面,在城镇化建设过程中,新补充进来的农村人口的总体素质也会得到相应的提升,如知识结构、工作技能和文化素质等方面,从"质"的角度优化了城镇化建设的人力基础。

目前,我国人口的城镇化现象遍布于全国各地,但因各地经济水平、产业结构和城镇规划等方面的不同而呈现出不同的路径。总体而言,现阶段农村人口城镇化的途径大致可以划分为五类,分别是农民工市民化、城市郊区农民市民化、城中村农民市民化、村改居农民市民化以及居改村农民市民化。不同的城镇化途径具有各自不同的特点,但是综合来看,各种途径均存在着一些共性问题。

以农民工市民化为例,农民工市民化属于我国特有的社会现象。在 20 世纪 80 年代,大规模的农民离开农村,进入城市寻找新的就业机会,形成了较大范围的"民工潮";进入 20 世纪 90 年代之后,全国跨地区的流动人口总量达到 7000 万人以上;根据当前的估算,处于流动状态的农民大约有 1.3 亿人。农民工群体是我国工人队伍的重要构成部分,农民工用自身的辛勤劳动为社会发展和城市建设发挥着重要作用,但是由于各种因素的限制,他们常常处于城市边缘地位,很难真正地融入到城市当中,也很难真正地实现城镇化。

类似这种"半城镇化"的状况主要体现在两个方面,一方面是从户籍的角度来说,这些来城市工作的农民工难以获得城镇户口,即使在城市工作几年、十几年甚至几十年,大多数人仍然无法完成户籍的转变,工作地与户籍长期分离,不仅给农民工的工作和生活带来了诸多不便,也不利于人口的稳定;另一方面是从经济的角度来讲,农民工还没能全部享受到城市全部的劳动福利保障。虽然近年来不断有相关政策出台,使农民工在社会福利等方面获得了比以前更大的保障。但是,整体来看,农民工参加社会保险的比重仍然相对较低,其中既有用工单位的原因,也有现行社会保险制度的制约。此外,农民工的住房问题和子女教育问题也是目前农民工市民化过程中比较突出的问题。

在宏观的层面来看,目前人口城镇化过程中存在的一系列问题的最大根源在于城乡二元结构。从居民的角度讲,城乡二元结构最直接的表现莫过于收入水平和消费水平的差距。就收入水平而言,1993—2012年,我国农村居民家庭与城镇居民家庭的人均年收入差异持续扩大,1993年差异仅为1249.34元,到了2012年,差异已经扩大至15968.30元,是1993年的12.78倍。就消费水平而言,农村居民的消费水平与城镇居民差异明显,且逐渐拉大。2012年,农村居民消费水平为每人6475元,城镇居民消费水平高达每人20864元,人均相差了14389元。

人口的城镇化,不是人的物理位置的简单变化,而是人们的生产方式和生活方式的实质性变化。城乡二元结构的存在给农村人口向城镇人口的转变带来了较大的障碍,这其中不仅有户籍制度的壁垒,而且还包括就业、住房、社会保障和教育等方面的差距。因而,要使城镇化的农村居民与原城镇居民在就业、住房、社会保障和教育等方面达到同等水平,要实现"半城镇化"向"城镇化"的全面过渡,还需要较长时间,以及付出更大的努力。

3.2.3 我国城镇化进程之"土地城镇化"

所谓"土地城镇化",是指土地由农业用地转变为城市建设用地,从而使得城市建成区范围不断扩大的过程。这里所称的农业用地,是指用于农业生产的土地,包括耕地、园地、林地、牧草地及其他为农业生产服务的土地。伴随着人口城镇化的逐渐推进,我国每年都有相当数量的农业用地转化为建设用地。

根据国土资源部发布的《中国国土资源公告》,2010年全国转为建设用地的农业用地总面积为33.77万公顷,约占当年农业用

地面积的 0.05％;2011 年,转为建设用地的农业用地共 41.05 万公顷,同比增长 21.56％,约占当年农业用地面积的 0.06％;2012 年,转为建设用地的农业用地共 42.91 万公顷,同比增长 4.53％,约占当年农业用地面积的 0.07％。可见,不仅转为建设用地的农业用地面积逐年增加,而且被转化的农业用地占当年全部农业用地的比重也是逐年上升。

另据国家统计局发布的环境统计数据显示,除个别年份外,我国城市建设用地面积基本上持续增长。1999 年,城市建设用地面积为 208.77 万公顷,十二年后,也就是 2011 年,城市建设用地面积已经扩大至 418.61 万公顷,约为 1999 年的两倍。按照具体用途划分,城市建设用地可以划分为九类,其中居住用地、工业用地和公共设施用地所占的比重较大。2011 年,全国居住用地面积为 131.82 万公顷,占城市建设用地的比重为 31.49％,工业用地面积为 87.21 万公顷,占比 20.83％,公共设施用地面积为 50.87 万公顷,占比 12.15％,三者累计占比高达 64.47％。

与此同时,全国城市建成区面积也由 1999 年的 215.25 万公顷快速扩张到 2011 年的 436.03 万公顷,年均增长率达到 6.06％。而 1999—2011 年,全国城镇人口的年均增长率仅为 3.88％。这在一定程度上表明了,我国土地城镇化的速度已经超过了人口城镇化的速度。

不可否认的是,土地资源为城镇化建设提供了必要的物质载体,土地城镇化的推进在某种程度上适应了城镇化建设的需要。但是,从当前的情况来看,我们也不难发现土地城镇化过程中仍存在着一系列亟待解决的问题。

首先,在征地过程中农民合法权益的保障问题。自 2003 年以来,我国每年征用的土地面积均超过 10 万公顷,其中正用的耕地占比超过 35％,造成大量农民失去土地。对于农民而言,土地具有就业、收入和保障功能,农民失去了土地,就意味着必须转变原有依赖土地的生产方式和生活方式,必须重新寻找新的就业途径。而目前,我国失地农民的就业情况不容乐观,不充分就业或隐性失业的现象普遍存在,特别是在中西部的某些不发达地区。此外,在征地过程中的一些不规范行为和征地补偿问题等也受到越来越多的关注。

其次,土地城镇化的过速会造成地方政府对"土地财政"的依赖。最近 12 年,我国的土地出让面积快速增长,从 2001 年的 9.04 万公顷扩大到 2012 年的 32.28 万公顷,年均增长率为 12.27%。同时,土地出让总价也由 2001 年的 0.13 万亿元增加到 2012 年的 2.69 万亿元,年均增长率高达 31.75%。另外,2009—2012 年,全国土地出让收入占财政收入的比重始终维持在 20% 以上,2010 年甚至超过了 35%。不少地方政府依靠出让土地使用权所获得的收入来维持地方的各项财政开支,忽略了实体经济的发展,在开展土地财政的过程中又挤占了实体经济的资源空间,阻碍了实体经济的发展。

再次,土地城镇化速度过快也不利于土地资源的集约化利用。快速的土地城镇化带来的是城镇面积的极速扩张,但是其中有大量土地被城镇化之后并未得到有效利用。目前,城镇土地的利用模式还属于粗放型模式,土地的利用效率相对较低。据有关专家测算,目前我国城市中,大约有 40% 的土地被低效利用,城市规划整体容积率通常设置为 0.4~0.45,而实际融资率往往不及规划容积率的 70%。另外,有 5% 左右的土地处于闲置状态,土地集约利用的空间还很大。

3.2.4 我国城镇化进程之"资金城镇化"

伴随着人口城镇化和土地城镇化,资金的城镇化趋势也许更为明显。作为经济社会中极为重要的稀缺资源,资金本身具有逐利的特征,必然会由利润低的领域向利润率高的领域流动。况且,城镇化建设本身拥有强烈的资金需求,对资金的渴望也较为强烈。在城镇化的过程中,我们看到的各种有形资产的建立与兴起,其背后都有着庞大的资金力量作为支持。

根据国家统计局的统计数据,自 20 世纪 80 年代开始,我国城镇固定资产投资完成额占全社会固定资产投资完成额的比重就已经超过了 70%。在 1981 年,农村固定资产投资完成额的比重还能占据 1/4 左右。但是,经过了二十多年的发展,固定资产投资的重心越来越向着城镇倾斜,相比之下,农村在固定资产投资方面较为落后。2012 年,城镇固定资产投资完成额高达 36.48 万亿元,同年农村固定资产投资完成额却只有 9841 亿元,差距悬殊。

3.2.5　我国城镇化进程之其他特征

(1)生产方面

在生产方面,生产结构的重心逐渐由第一产业向第二、第三产业转变。从 1952 年至今,国内生产总值中第一产业的比重持续下滑,由 1952 年的 50.96% 一直下降至 2012 年的 10% 左右。同时,第二产业和第三产业的比重逐渐增长,1952 年,国内生产总值中第三产业的比重只有 28.16%,而第二产业的比重更低,仅为 20.88%。2012 年,第二产业比重已经上升至 45.32%,较 60 年前增加了 24 个百分点;第三产业比重也提高到 44.59%,较 60 年前增加了 16 个百分点。

(2)就业方面

在就业方面,就业人员逐渐由第一产业向第二、三产业过渡。1978 年,第一产业的就业人数有 28318 万人,占比 70.53%,而第二产业和第三产业的就业人员合计占比为 29.47%。此后,随着产业中心的转移,第一产业的就业人数逐渐下降,但是到 2012 年,仍有 2577 万人在第一产业就业,占比 33.60%。目前来看,第三产业的就业人数最多,占 36.10%,第一产业次之,第二产业最少,占比 30.30%。总体来讲,全国就业人员在三个产业中的分布相对平均,基本上呈现"三足鼎立"之势。

（3）消费方面

在消费方面，城镇居民消费支出比重持续上升。1990年以前，农村居民的最终消费支出总额一直大于城镇居民最终消费支出。1990年，城镇居民的最终消费支出首次超过了农村居民，同时也是最近60年来城镇居民的消费总支出与农村居民最为接近的一年，此后，城镇居民的消费实力日益凸显，1952—2011年的60年间，消费支出规模年平均增长率为12.23％；而农村居民的消费量增长缓慢，年均增长率仅为8.45％。

就消费结构而言，食品类和居住类支出仍然是城乡居民最主要的两大消费领域。对比农村居民与城镇居民的消费结构变化情况，我们可以发现二者存在着很多相似之处。首先，衣着类支出，家庭设备、用品及服务类支出，医疗保健类支出以及交通和通信类支出所占的比重均在提高。其次，文教娱乐用品及服务类支出的比重都在下滑。此外，农村居民和城镇居民在金融服务消费和保险服务消费方面的支出比重呈现了相反的变动趋势，对于农村居民来说，这两类支出的比重总体上在增长，而对于城镇化居民来说，这两类支出的比重已经开始下滑。整体而言，城乡居民在消费结构上的差异有缩小的趋势，这也是城镇化的必然趋势。

（4）居住方面

就居住面积而言，经过多年的发展，城市与农村的差距正在逐渐缩小。早在1985年，城市与农村的住宅面积之比仅为0.68，城市人均住宅面积为10.02平方米，农村人均住宅面积为14.70平方米，二者相差4.68平方米。而到了2011年，城乡住宅面积比已经达到0.90，城市与农村的人均住宅面积均在30平方米以上。不仅居住面积有所扩大，城乡居民的居住条件也都有不同程度的改善。

在居住支出方面，城镇居民和农村居民的支出都在增加，但是增长的速度有所不同。对于城镇居民来说，2004—2011年这八年内，居住类支出从6749.7亿元增加到21596.2亿元，年均增长率为18.07％；对于农村居民来说，居住类支出增幅相对较小，年

均增长率为 10.72%。城乡居民的居住类支出比从 2004 年的
2.38 扩大至 2011 年的 3.73。对于城镇居民而言,居住支出占全
部消费支出的比重基本上呈现增长的态势;而对于农村居民而
言,居住支出占比反而在下降。

3.3　我国地方政府融资对城镇化的积极助推作用

城镇化是一项涉及范围广、规模庞大、结构复杂的系统性工
程。城镇化建设存在大量的资金需求,这一方面需要金融市场发
挥相应的作用,另一方面也需要政府的大力支持。地方政府在城
镇化建设中发挥的作用是十分重要的。为了推动本地区城镇化的
快速发展,地方政府的融资需求普遍较为强烈,而且地方政府融资
的能力、成本以及风险等都会对城镇化建设带来直接的影响。

3.3.1　我国城镇化建设的资金需求

任何国家的城镇化都是一个渐进的过程,普遍具有周期长、
投入大、综合效益生成慢的特点,期间需要大量的前期资金投入
和持续的资金支持。因而,城镇化的资金需求一直是城镇化不可
回避的问题。

目前,我国的城镇化率超过了 50%,根据国际经验,城镇化率
每提升 1 个百分点,对应的是数以万亿元的投资和消费,以此来
估算,城镇化率达到发达国家的平均水平(80% 左右)时,对应的
是大约 30 亿元的投资和消费规模。另外,还有一些机构和学者
对城镇化的资金需求进行过测算,有的测算结果是 50 万亿元,有
的测算结果是 60 万亿元。虽然具体测算结果存在一定的差异,
但是总体上都说明我国城镇化建设的资金需求是十分庞大的。

仅以农民工市民化为例,目前我国有大约 15863 万农民工居
住在城市,有学者测算,倘若这些居住在城市的农民工全部转化

为市民,那么所花费的总成本将达到 18091.58 亿元。这些成本包括随迁子女教育成本、社会保障成本、社会救助成本和保障性住房成本等。其中,随迁子女教育成本和社会保障成本预计会达到 4152.83 亿元,社会救助和保障性住房成本可能更高,预计为 13938.75 亿元。

具体来讲,我国现阶段城镇化的资金需求主要体现在三个方面,一是公用设施的投资,二是社会公共服务的投资,三是保障性住房的投资。

第一,公用设施主要包括道路、桥梁、通信、水电煤气等。这类设施的建设往往耗资巨大,建设周期较长,覆盖范围较广。目前,我国每年都投资大量资金用于改善公用基础设施,为居民生活带来便利。以城市市政公用设施建设为例,从 20 世纪 70 年代至今,我国在市政公用设施方面的投资显著提高,2009—2011 年这三年中每年的投资额均超过 1 万亿元,占全社会固定资产投资的比重也基本稳定在 4%～5%。

第二,社会公共服务,如养老、低保、医疗和教育等,也是城镇化建设过程中的重点投资领域。

例如,在居民最低生活保障(简称"低保")方面,近年来随着城市低保平均标准的逐步提升,即使城市低保人数有所下降,但是政府每年在城市低保方面的财政支出仍然越来越多。据民政部统计,2005 年,城市低保财政支出仅有 191.90 亿元,到了 2012 年,这项支出规模已达到 674.30 亿元。

又如,在城市医疗救助方面,2008—2012 年,资助参加医疗保险的规模由 642.60 万人次增加到 1387.10 万人次,直接救助规模由 443.60 万人次增加到 689.90 万人次,相应地,城市医疗救助财政支出的规模也提高到 70.90 亿元,年均增长 24.30%。

第三,我国近年来在保障性住房领域的投资力度也逐渐加大。财政部的统计数据显示,2012 年,公共财政用于保障性安居工程的支出为 3123 亿元,占当年公共财政支出(125712.25 亿元)的 2.48%。另据中国人民银行的统计数据,自 2011 年第三季度以来,全国主要金融机构保障性住房开发贷款余额显著攀升,截至 2013 年第二季度末,保障性住房开发贷款余额为 6580 亿元。保障性住房为改善城市低收入家庭的居住条件发挥着重要的作用,特别是对于那些刚刚市民化的农民家庭来说,城市相对较高的房屋价格常常令他们难以承担,而保障性住房政策的实施可以在一定程度上缓解这些家庭的住房困难。

3.3.2　我国地方政府在城镇化中的作用

在整个城镇化的进程中,地方政府发挥的作用是极为重要的。例如,在城镇固定资产投资方面,自 2004 年开始,地方项目投资完成额的比重始终高于 85%。2004—2011 年,地方项目的年度投资完成额由 82515.36 亿元提高到 483532.76 亿元,平均增长率高达 28.74%。其中,在城市市政公用设施建设固定资产投资方面,地方财政拨款金额逐年增加,已成为该项建设中最重要的资金来源之一。2011 年,地方财政对城市市政公用设施建设固定资产投资的拨款总额高达 4555.63 亿元,占当年全部资金投入的 33.72%。

事实上,地方政府对于城镇化的助推功能是全方位的,包括战略规划功能、资源配置功能、监督管理功能、资金支持功能以及制度创新功能等。

其中,战略规划功能主要是指地方政府把握着本地区城镇化建设的发展方向、发展规划和发展路径,确保城镇化朝着正确的方向发展。资源配置功能是指地方政府依照制定的战略规划,从本地区的角度出发全面协调本地的资源禀赋,保证资源配置的平衡性和合理性。监督管理功能突出的是地方政府的地方管理者的身份,为了确保城镇化的健康发展,地方政府对城镇化建设中的各类主体负有监督管理责任。资金支持功能主要是指地方政府通过不断完善投融资体制,为城镇化建设提供低成本的资金支持,以保证城镇化建设的连续性。制度创新功能是指地方政府通过推行土地、户籍和社会保障等方面的制度改革,为城镇化营造良好的软环境。

在城镇化建设中,地方政府具有资金支持功能。在资金方面,城镇化的资金来源比较多元化,既有政府的财政资金,也有来自市场的资金。其中,政府的资金支持在很大程度上起着导向性作用,引导着市场资金的投资方向。政府财政资金可以进一步分为中央财政资金和地方财政资金。与中央财政资金相比,地方财政资金的作用不容忽视,甚至很多领域的建设方面更加依靠地方财政资金的支持。在教育投入事业方面,地方财政支出的比重一直维持在90%的水平以上。早在2002年,教育事业费的地方财政支出就达到2434.76亿元,占全部支出的比重为92.05%;2010年,地方财政在教育事业费这一项目的支出首次突破15498.28亿元,同比增长31.02%,占比为93.94%。

在科学事业投入方面,地方财政支出的规模也增长显著。2002年,地方财政的科学事业费支出只有98.84亿元,占比36.63%;2003年,地方财政的该项支出超过100亿元;2008年,地方支出突破1000亿元,占比也达到49.40%,基本与中央财政支出持平;2011年,地方科学事业费支出增加到1885.88亿元,同比增长18.69%。

在卫生事业投入方面,地方财政投入占据绝对重要的位置。2002—2011年的10年间,卫生事业费的全部支出中地方财政支出占比始终维持在97%~99%。2011年,地方卫生事业费支出高达6358.19亿元,是2002年的10倍多。

最后,在环境保护和城市水资源的投入方面,地方财政支持的力度也很大。随着城镇化建设的推进,环境问题也越来越突出,为了改善环境、治理污染、保护城市水资源,近年来地方财政支出规模逐年增加,从2007年的961.23亿元到2011年的2566.79亿元,年均增长率为27.38%。

综上可知,尽管城镇化的资金来源是多样化的,但是从目前的情况来看,地方政府的资金支持作用十分重要。

3.3.3　我国城镇化背景下地方政府融资的需求

城镇化建设需要大量资金投入,并且地方政府在城镇化建设中发挥了重要的资金供给作用,因而地方政府在资金有限的情况下,就会产生融资需求。现阶段,我国各地方政府融资需求普遍强烈,融资的积极性也比以往更高,具体主要有四个方面的原因。

第一,地方政府强烈的融资需求是源于对城镇化的重视程度。城镇化是现代社会经济发展的重要推动力量,人口向城镇聚集会产生规模效应,使社会生产的平均成本和边际成本大大降低,从而产生更大市场和利润。而市场的扩大和多元化会促进社会分工的专业化,提高整个社会的生产效率。此外,城镇化也有助于改善基础设施条件,为人们创造更好的生活和工作环境。从长远发展来看,城镇化对于缩小城乡差距也具有非常重要的意义。正因为城镇化会带来如此多的正面效应,所以,地方政府普遍十分重视本地区的城镇工作,将城镇化视为地方发展的关键契机和头等大事,城镇化建设的积极性很高,紧迫感也很强,所以对城镇化建设的资金需求也就较为迫切。

第二,城镇化本身就意味着巨大资金的投入。城镇化建设中需要大量的资源投入,其中包括大量人力、物力的投入,当然也少不了资金的支持。而从目前的情况来看,虽然地方财政收入逐年增加,但是仅以地方财政收入是难以满足城镇化注资,保证其健康发展。

第三,基础设施的建设周期往往比较长,资金投入必须具有持续性。众所周知,基础设施不仅仅包含公路、铁路、隧道、桥梁、水利和通讯等硬件设施,而且也包括诸如教育科学、医疗卫生、社会保障等软件设施。像铁路、水利这类的工程项目,一般需要几年甚至几十年的时间才能完成,更不用提教育、医疗这样的发展项目,所需要的时间可能会更长,因而必须保证资金的持续供给。所以,地方政府的融资需求也具有持续性的特征。

第四,城镇化建设项目的综合效益生成速度往往较慢,所以很难期待以前一阶段投资收益为下一阶段建设足够的资金补给。此外,城镇化建设项目通常具有很强的公共属性,其中有部分项目确实可以通过收费等方式收回或部分收回投资,但是还有很多项目,比如垃圾处理、污染治理等,带来的更多是社会效益,并不会产生直接的现金流,所以这类项目投资没有显性的货币回报,无法为后续的城镇化建设补充资金。

3.3.4　我国地方政府融资对城镇化的影响

客观来讲,地方政府通过各种渠道融资为城镇化建设筹集必要的资金,对城镇化发挥着积极的助推作用。具体来说,地方政府融资对城镇化的作用是多方面的,地方政府融资能力、融资成本和融资风险等都会对城镇化产生影响。

(1)地方政府融资能力对城镇化的影响

由于各个地方政府的实际情况各不相同,所以地方政府的融资能力也会有所差异。地方政府融资能力受到地方经济实力、资源禀赋、财政状况以及产业状况等诸多因素的共同影响。在其他均相同或相似的情况下,融资能力强的地方政府更容易获得发展所需的资金,而融资能力较差的地方政府在资金筹集方面会遇到更多困难。

就我国目前情况来讲,大城市往往比小城市拥有更多的融资渠道,融资也较为便利。另外,相比于东部地区而言,西部经济欠发达地区的融资难度相对更大,资金往往更倾向于流向投资回报率较高的发达地区。这一点在审计署公布的《全国地方政府性债务审计结果》(2011 年第 35 号文)中得以体现。审计结果显示,截至 2010 年年底,东部地区的地方政府性债务余额为 53208.39 亿元,占全国地方政府性债务余额的比重为 49.65%,已接近半数;而相比之下,西部地区的债务余额相对较少,共计 29250.17 亿元,占比约为 27.29%。

　　具体而言,地方政府的融资能力可以从融资主体、融资渠道和融资管理等多个角度展现出来。

　　首先,就融资主体来说,融资主体的多元化趋势有助于提高政府的融资能力。融资主体除了传统的地方政府部门和机构以及事业单位之外,还包括了地方政府融资平台公司,而且融资平台公司自出现之后,在政府融资过程中发挥着越来越重要的作用。截至 2013 年 6 月底,融资平台公司的政府性债务余额为69704.42 亿元,占地方政府性债务余额的比重达 38.96%,成为债务余额占比最高的债务融资主体。

　　其次,就融资渠道而言,地方政府的融资渠道越广泛,那么融资难度就越低。目前,间接融资依旧是地方政府融资最重要的渠道,截至 2013 年 6 月底,地方政府性债务余额中来自银行贷款的有 101187.39 亿元,占全部债务余额的 56.56%。但是,同时我们也看到,随着我国债券市场的快速发展,债券在地方政府融资中发挥的功能也不容小觑。尤其是 2012 年,融资平台公司发行的城投债规模快速增长,截至 2013 年 6 月底,存量规模已突破2 万亿元。另外,信托等其他融资渠道也开始被地方政府接受并采纳。综合来看,地方政府对间接融资渠道的依赖程度已有所降低,直接融资的比重逐渐上升,为地方政府拓宽了新的融资渠道。

　　再次,就融资管理而言,融资管理机制越健全,越有利于地方政府的融资效率和融资效果。当前,关于地方融资的管理机构、管理机制以及融资项目效益评价等一系列问题已经开始引起更多关注。特别是融资的决策机制、统筹协调机制、组织管理机制和风险管理机制等制度建设的重要性已变得越来越清晰。健全的融资管理机制是地方政府正常发挥融资功能的重要保障。

　　总而言之,在法律允许的范围内,地方政府融资主体的多元化、渠道的多元化以及管理机制的健全,都有助于融资能力的提升。融资能力越强的地方政府,其资金来源就越充足,资金的连续性也更有保障。

（2）地方政府融资成本对城镇化的影响

地方政府因城镇化建设而发生的融资成本是城镇化总成本的组成部分。地方政府的融资成本越高，城镇化的总成本就越大，那么从经济学的角度上讲，城镇化带给社会的实际效率就会降低；相反，如果地方政府能够合理控制融资成本，那么城镇化的总效益就会更大。

事实上，不同地方政府的融资成本是不同的，它在某种程度上受到融资能力的影响。一般来说，融资能力强的地方政府更容易以较低的成本取得资金，而融资能力较差的地方政府为了顺利融资，往往也只能通过提高融资成本来吸引资金。同时，融资成本也与项目风险的大小直接相关。针对某个特定的项目来说，风险越大，投资者要求的风险补偿也就越高。因此，合理控制项目风险也是地方政府控制融资成本的重要途径之一。

此外，即使是对于同一个地方政府来说，它在不同的时期，不同的环境下融资的成本也可能会有较大的差异。所以，这就需要地方政府必须做好融资规划工作，科学地预测资金的需求量和时间，以便尽可能合理地选择融资渠道和融资时间，尽量降低融资中的各类成本。

在现实中，个别地方政府对于融资成本的管理还存在着一些问题。其中最主要的问题是对融资成本的认识程度和重视程度不足，有的地方为了快速筹集资金而不顾资金的使用成本，结果盲目地加重了地方的债务负担。另外，成本控制体系的不健全，也造成了融资成本控制难以达到预期的效果。

（3）地方政府融资的风险对城镇化的影响

客观地讲，地方政府融资在很大程度上缓解了公共设施和公共服务领域资金不足的局面，为城镇化的建设提供了必要的资金来源。但是，融资本身就存在着风险。我国地方政府在融资过程中的风险问题已经受到越来越多的关注。

首先，地方政府筹集到的资金大多投向公益类项目，包括城市基础设施建设、公共事业等非经营性项目或准经营性项目，项目本身不产生现金流或产生的现金流有限,不足以偿还债务,导致地方政府只能通过其他资金来源来偿债。比如,一些地方政府依靠土地收入等来偿还负债,那么就有可能会推高土地的价格,进而间接推高了房价。但是这种土地财政是不具有持续性的,一旦土地收入减少时,地方政府的偿债风险就会显现出来。

其次,在融资项目的选择上,有时也存在一些非理性决策问题,导致出现过于超前的基础设施建设,产能过剩领域的过度投资,甚至是一些政绩工程。这些项目由于缺乏决策合理性,不仅不能产生合理的经济效益,而且也不能创造充分的社会效益。那么,从经济的角度来说,可以认为这是一种资金的浪费,同时还挤占了其他项目的融资空间,降低了城镇化建设的总体效率。

再次,地方政府融资的透明度不高,以融资决策开始的整个融资活动中,缺乏足够有效的约束机制。由于地方政府负债的形式越来越多样化,除了传统的银行贷款之外,还有信托、资产证券化和产业基金等多种融资途径,所以就连地方政府自身也未必能及时掌握准确的融资情况,而上级政府在有些情况下也难以充分掌握下级政府的融资情况。此外,商业银行虽然是地方政府融资的重要渠道,但是它们在与地方政府的互动过程中很多时候也是处于劣势地位,银行原有的一些风险控制和监管措施难以得到完全应用,贷款的具体投向等也无法完全掌握,因而也很难做到准确估计其中的风险。

总体来看,地方政府融资的风险是可控的,但是也必须引起充分重视,毕竟地方政府的融资风险不仅关系到某些项目的建设,而且还关系到一个地区的城镇化布局。所以,为了保证城镇化建设按照规划顺利进行,必须加强对地方政府融资活动的监督和管理,从根源上防范风险的出现。

第 4 章　新型城镇化进程中地方政府融资现状及问题

4.1　新型城镇化进程中地方政府融资现状

　　自 1994 年实施分税制以来,中央政府与地方政治之间造成了财权与事权错位的局面,地方政府的财政收入大幅减少。为了满足城市发展的要求,地方政府开始大肆卖地,以土地财政为主的财政性融资方式是这时期地方政府主要的融资渠道。而 2008 年全球经济危机爆发后,中央政府又引领了新一轮的经济刺激政策。这段时间正值国家十一五、十二五转型发展阶段,由于中央下达的投资任务大、土地存量有限,单靠土地出让收入筹集的建设资金较项目建设支出仍有较大资金缺口。在面临巨大建设资金缺口的情况下,地方政府融资平台大量涌现,通过平台公司向各金融机构贷款或发行城投债等成为 2015 年前地方政府主要的融资渠道。

4.1.1　以土地财政为主的财政性融资渠道

　　(1)土地财政的概念

　　土地财政是指地方政府通过对国有土地进行"招拍挂",来出让土地使用权以获取土地出让金,从而达到扩充财政收入的目的。土地出让金属于财政预算外资金,近年来已经成为地方政府财政收入的重要组成部分。

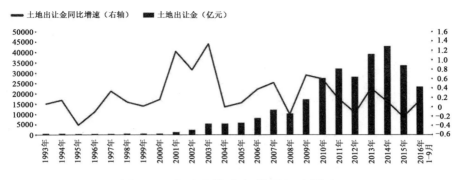

图 4-1　土地出让金规模及同比增速

（2）土地财政的现状

第一，地方政府依赖性过强。土地财政多兴盛于一些缺乏自身产业支撑的中小城市和地区。由于缺乏相关产业收益，以税收为主的预算内收入相对较少，使得这些地方政府只能靠"卖地"来获取资金来源，并逐渐成为自身财政收入的主要构成。特别是自2008 年以来，国家出台了 4 万亿的投资计划，地方政府对于土地的依赖程度日益加强。根据相关数据，从 2009 年开始，我国国有土地出让收入在我国地方财政总收入占比开始超过一半，并于2010 年达到占比 68％的峰值；2013 年我国国有土地出让收入首次达到 4 万亿以上，并比 2012 年的数额增长了 46％。由此可见，土地财政以惊人的速度发展着。

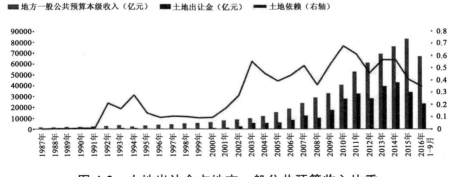

图 4-2　土地出让金占地方一般公共预算收入比重

第二,土地的使用具有多重属性。首先,国有土地是作为项目用地进行使用的,以支持地方政府的城镇化发展;其次,出让国有土地使用权以获取资金补充地方政府财政收入;另外,国有土地的使用权通常还被地方政府作为向银行进行借贷的抵押物,国有土地出让金中很大一部分被用作了政府债务的还款来源。

(3)土地财政的风险分析

第一,具有不可持续性。地方政府大肆出让土地的行为是"一锤子买卖",提前透支了之后若干年的财政收入,使得可用于开发的土地愈发稀少,也使后继的政府官员面临困难的财政局面,这将不利于地方城镇化的可持续发展。

第二,具有财政风险和金融风险。由于土地资源属于不可再生性资源,所以它的供给是刚性的,当地方政府向市场不断供应土地时,会造成地价的攀升以及相关税收(房产税等)的增加,形成连带关系。这样就会造成一荣俱荣一损俱损的局面。当土地价格保持高水平时,地方政府会获得庞大的土地出让金及税收收入,资金充盈,对银行借款的偿还也能够得到保证;若地价回落,则会导致政府财政资金匮乏,造成资金链断裂,从而政府信用受损,银行出现坏账,财政风险和金融风险凸显。

第三,阻碍地区产业结构的转型。土地财政的迅猛发展带来的是房地产产业的日益繁荣。在土地财政模式下,政府向房地产产业投入的资金过多,从而向新兴产业投入的资金过少,不利于扶持新兴产业的发展。同时,鉴于房地产产业经过多年发展已经趋于饱和,再进行政府投入只会造成重复投资和资源浪费。这都将不利于地区的经济发展。

第四,容易滋生腐败。地方政府对于土地出让金的使用缺乏相应的管理和监督机制,这笔庞大的资金为某些政府官员提供了挥霍和寻租的机会,成为滋生腐败的肥沃土壤。

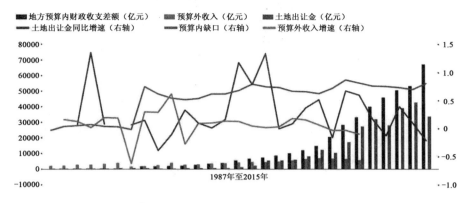

图 4-3　地方政府预算内缺口、预算外收入及土地出让金

4.1.2　地方政府融资平台模式下的融资渠道

（1）地方政府融资平台的概念

地方政府融资平台，是我国在特定背景条件下产生的事物，并在短短几年内发展为地方政府进行融资的主体。具体来说，地方政府融资平台是指由政府主导设立的公司，为了实现政府的某些政策目标，政府将大量国有资产划转至该公司，使其达到足以进行各种融资的资产标准。

（2）地方政府融资平台形成的背景

第一，分税制改革重新划分中央与地方的税权，其结果最大限度地增强了中央宏观调控能力，提升了国家经济总量，却遗留下财权与事权错位的局面，为地方政府隐性债务的不断增长埋下隐患。

第二，国家法律的约束限制使地方融资方式受限，平台融资模式应运而生。

第三，2008 年金融危机爆发后，我国政府大力推行积极政策，为地方政府融资平台呈几何级数的增长提供了温床，因而融资债务也滚雪球般越来越大，逐渐形成当前地方政府融资平台规模大、数量多、负债高的现状，存在着极大的财政风险和金融风险。

据 Wind 统计数据,自 2011 年以来,拥有财务数据的地方政府融资平台共有 1451 家,有息债务规模(＝短期借款＋一年内到期的非流动负债＋长期借款＋应付债券)从 2011 年末的 20.64 万亿元增至 2016 年 6 月末的 43.28 万亿元,规模翻番。值得注意的是,这里并未统计非标融资规模,主要考虑到信托、资管计划等融资主要计入其他应付款或长期应付款,上述会计科目下也包含平台公司与关联公司的往来借款,如果简单加总可能会导致有息债务规模虚高。尽管如此,还是可以看出平台债务规模增长迅速。

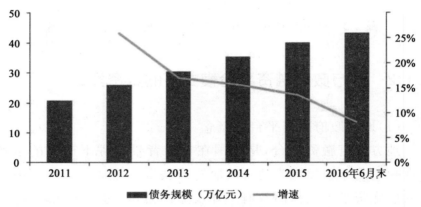

图 4-4　地方政府融资平台的有息债务规模和增速

(3)平台融资模式下的融资渠道

银行贷款。政策性银行贷款以其借款时间长(基本在 8 年以上),利率水平较低(基本保持国家同期贷款基准利率甚至低于基准利率),且授信额度较大,受到各地方政府的青睐。但其在项目载体上具有局限性——必须在国家允许政策性银行支持的项目范围内。由于这一限制,地方政府为了更快地发展地方基础设施建设,与商业银行进行越来越多的合作,但授信额度通常较小,无法满足地方政府的融资需求。

信托资金。信托资金的优势在于资金运用方式是非常宽松和灵活,且审批时间较短。由于银行贷款的审批时间较长,涉及环节较多,可能与在建工程的用款需求存在时间差。因此,为了保障基建项目的顺利推进,地方政府会选择信托资金作为补充融资渠道,以解燃眉之急。但这一融资渠道的限制在于融资成本较高,且还款周期较短,给地方政府造成的还款压力较大。

城投类企业债券。在 2015 年之前,由于我国只有中央政府具有发债权,而地方政府不允许发债,所以地方政府另寻他法,转以融资平台发行城投债,其投向也多为地方基建项目。地方政府在债券申报、发行及兑付过程中会给予各种优惠政策倾斜,被投资者视为"准市政债",因此风险性较小,发行成功率较高。

表 4-1　银监口径城投债债务结构的中位数数据(数据来源于 wind)

	银行借款占比	债券占比	其他债务占比
2009	100.00%	0.00%	0.00%
2010	99.70%	0.00%	0.00%
2011	93.23%	0.00%	0.00%
2012	68.87%	28.91%	0.00%
2013	65.43%	30.71%	0.00%
2014	63.25%	30.95%	0.30%
2015	65.88%	27.02%	2.08%

而针对以上融资渠道,还款来源主要有以下两种:一是财政资金。就我国现在的情况来看,这一方面的还款来源主要是土地出让金。二是融资平台自身产生的现金流。这方面还款来源仅针对少数承担有收益项目的平台公司,如高速路公司的道路收费、污水治理厂的治污费用等。但这类项目仅占所有项目的很少一部分,且很难覆盖全部本息。

(4)平台融资模式下融资渠道的风险

第一,政府信用风险。主管部门建立平台公司的目的就是筹集建设资金,这些平台多为主管部门的附属单位。所谓的融资平台负债,实质上就是政府负债,由财政承担偿还责任。一方面随着融资规模的不断扩大,绝大多数地方的融资规模已经脱离了当地财政的实际承受能力,债务率远高于可支配财力。另一方面融资平台的融资投向基本为基建项目,投资大、时间长,而地方债务的偿还期限却较短,造成短债长投,从而形成还款困难的局面,有损政府信用。

第二,银行信贷风险。由于政府融资平台从银行获取的资金绝大部分是项目贷款,其投向主要是提供公共服务的公益类项目,无法产生未来现金流,只能由政府财政偿还。但纵观各地方政府的实际财力,完全有地方财政偿还债务存在违约的可能性,易造成银行坏账。

第三,政策违规风险。针对地方政府融资平台日益暴露出的诸多问题,国家逐步出台相关政策,以规范融资平台融资行为,防范潜在风险。"43号文"明确提出了准许地方政府发行政府债券,推广政府与社会资本合作模式,力求逐渐摆脱传统的融资平台融资渠道,寻求更多的新型融资渠道。至此,国家改革地方政府融资平台融资的决心已十分坚定,再用融资平台进行融资就是明显的违规行为,也不利于我国新型城镇化的发展。

自2015年以后,我国地方政府传统的融资渠道已然成为历史,而新兴城镇化所产生的资金需求仍越来越大,提醒着地方政府抓紧开拓适合当前发展趋势的新型融资渠道,以保证本地区的持续发展;另一方面,由于新型城镇化的特点是"人的城镇化",地方政府不再只着眼于无收益的固定资产投资,更多地关注相关配套设施的建设。而这些配套设施中经营性和准经营性项目的比例较大,自身可带来一定收益,对社会资本的投入具有较强的吸引力。因此,新型城镇化的发展对市场经济的繁荣以及社会资本的活跃起到了促进作用,各种新型融资渠道也应运而生。

4.2 新型城镇化进程中地方政府融资存在的问题

4.2.1 现行财税体制导致政府财权与事权不对称

1993年11月14日,中共十四届三中全会确定建立以分税制为基础的新的财税目标,分税制改革将税收划分为中央税、地方税和共享税三种形式,从明晰中央和地方的事权着手,按照事权和财权相结合的原则,划分中央和地方的收入。但是,这一财政体制的改革进行得并不彻底。

一方面,从现行的国家税收收入分配结构来看,大税种的小部分、小税种的大部分归地方政府,并且地方税税源零散、征收难度大、增长弹性小,未形成一个完整的地方税收体系,使得地方财政收入的增长空间被缩小了。税费改革前,未解决财源不足问题,地方政府大多借助收费这一渠道;税费改革后,地方政府相当一部分收费项目被规范进各种税收之中并被归入中央税或共享税,由此导致地方收费渠道的大幅萎缩。尽管如此,我国政府间事权及支出责任与财权划分不对称,一些本由中央政府承担的支出责任被转嫁到了地方政府,增加了地方政府财政支出的压力。并且,国家还要求地方政府的某些支出,如农业、科技、教育、卫生等方面支出,必须超过财政收入增长或占总支出一定比例,造成地方财政,尤其是县乡两级财政的事权和财权严重失衡。

另一方面,规范的转移支付制度尚未完全建立,表现为一般转移支付比例过低,大量采用的是专项转移支付,资金使用效率不高,并存在大量的挤占挪用现象,同时缺乏有效的约束和效益评估机制,中央财政调控权没有充分发挥均等化功能。

如果地方政府(尤其是基层政府)的财力无法满足事权的要求,地方政府就会另辟蹊径,土地财政便应运而生。数据显示,2010 年地方政府的土地出让收入相当于地方本级收入的72.39%,这表明地方政府对土地出让收入具有极高的依存度。进一步设想,如果土地出让收入仍不能满足事权的需要,地方政府就会绕过《预算法》的规定,通过融资平台等方式变相借债,从而形成潜在的地方政府债务。

4.2.2　地方政府融资制度体系不完善

十一届三中全会以来,我国改革原有的计划经济体制,建立了具有中国特色的社会主义市场经济体制,但在地方政府融资体系建设上仍受缚于传统的计划经济思想,将地方政府融资同整个政府改革割裂开来,仅作为临时缓解政府财政困难的应急措施,导致我国地方政府融资体系总体较混乱,缺少必要的全局性制度和规范设计,地方政府的融资需要得不到法制化保障,融资行为得不到合理有效的约束,融资违规行为得不到必要的处罚,债务危机处理缺乏法律框架的硬性约束,严重制约了政府融资的发展和完善,影响了地方经济乃至国民经济的发展。

(1)地方政府融资权限缺乏法律保障

分税制改革以来,地方政府预算内财政收入骤然缩紧,财政支出骤然增加,加之预算外、体制外各种债务性支出,地方政府预算产生了较大的资金缺口,地方政府融资压力陡然增大。而在分税制改革实行后不久,国家陆续出台的相关法律、法规却限制了地方政府的举债权。1994年3月,国家颁布《预算法》,规定地方政府通常不允许发行地方政府债券为建设性资金融资;1995年7月1日开始施行的《中国人民银行法》,禁止人民银行向政府发放贷款;1995年10月1日起施行的《担保法》,规定地方政府不得为担保人,限制了地方政府为其所属投资公司进行贷款担保等。一方面,在城镇化进程不断加速的背景下,地方政府融资压力不断增加;另一方面,地方政府融资权限得不到法律保障,当通过征收税费、银行信贷、国债转贷等规范的制度内融资渠道所获资金无法满足庞大的财政支出压力时,地方政府便会寻求变通的制度外融资渠道,通过非正规途径达到融资目标,因此"土地财政+政府融资平台+打捆贷款"的融资模式逐步成为各级地方政府融资的基本模式,政府融资平台应运而生。

(2)地方政府融资行为缺乏有效的约束

由于对地方政府的融资需要缺乏法制化的保障,对地方政府的融资行为缺乏有效的约束,对地方政府融资日常违规行为缺乏必要的处罚,因此,每一次地方政府融资规模膨胀过后,都会导致商业银行大量的坏账需要核销,对金融体系造成严重损害,导致耕地被大量乱占以及失地农民失去基本生活保障,对社会稳定造成不良影响。

　　从我国地方债务增长率的变化趋势图明显可以看出,受 1997 年亚洲金融危机后政府所采取的积极财政政策的影响,1998 年的地方政府性债务余额增长率达 48.20%,虽然之后 10 年之间,增长率一直处于持续下降的趋势,但是在 2009 年,全国地方政府性债务余额增长率达到了惊人的 61.92%。另外,金融体系缺乏硬约束机制为政府举债提供了便利。在我国地方政府债务构成中,几乎九成以上的债务与我国软约束的金融体制有关。经过多年的金融改革和地方金融机构的清理整顿,我国金融机构的行政附属性有所改变,但并没有彻底改变,金融机构与政府之间千丝万缕的联系依然存在。目前,地方政府债务的新增部分仍然与我国的金融体制有关,银行等金融机构在经营中缺乏真正的独立自主性,其经营情况易受政府不合理的干预。这样,在政府或国有企业遇到资金需求时,就会给银行施加压力,促使银行提供贷款,为地方政府举债创造来源。

　　(3)地方政府融资债务危机处理缺乏法律约束

　　我国目前还没有形成一个完善的处理地方政府债务危机的法律制度框架、项目决策机制,或有负债约束机制、债务偿还机制以及风险防范机制均存在缺失。由于缺乏有效的法律约束,权责界定模糊,债务融资体系混乱,举债决策主体、债务偿还主体和投资责任主体不一致,在应对地方政府债务风险乃至债务危机时,地方政府通常以分税制改革后本级政府财权与事权不对等为借口,要求中央政府通过增加对本级政府的转移支付或者提供再贷款的方式化解危机,地方政府不能做到资金的自借、自用、自还,单纯依靠过度举债发展经济,不仅造成极大的债务风险隐患,也不利于当地经济的持续稳定发展。

4.2.3　我国地方政府投融资平台问题突出

　　(1)投融资平台债务规模巨大,风险相对集中

　　首先,地方政府投融资平台债务规模巨大,加剧了地方政府

的债务负担。截至 2013 年 6 月底,在地方政府投融资平台债务中,仅银行贷款就达 9.7 万亿元。实际上,地方投融资平台的融资状况很不透明,地方政府往往通过多个融资平台从多家银行获得贷款,债务管理也分布于不同的部门,造成地方政府不清楚不同层次政府投融资平台的负债和担保状况,这也带来了统计上的困难,造成地方政府投融资平台的不明债务规模非常大。

其次,地方政府投融资平台债务主要以银行贷款为主,风险相对集中。尽管地方政府投融资平台可以通过发行企业债券和中期票据等方式,拓宽中央政府投资项目的配套资金融资渠道,但从实际情况看,很多地方政府投融资平台的财务状况不佳,资产负债率极高,不具备发行债券的资格。能达到上市融资条件的投融资公司比例不高,大多数投融资公司只有通过银行等金融机构贷款解决资金短缺问题。就已发行城投债的地方政府投融资平台来看,银行借款占其总负债的比重已达到将近 50%。如果加入未发行城投债的地方政府投融资平台,银行借款的比重将更高。据测算,我国地方政府投融资平台负债中的 80% 都是通过银行信贷获得的资金。

(2)投融资平台设置、管理混乱

第一,投融资平台设置混乱。总体来看,地方政府投资平台设置比较混乱,从法律性质上看,有的是企业法人,有的则是事业法人和机关法人。许多地方政府投融资机构仓促上马,成立时间较短,有很多就是原财政部门、国资委等政府机关人员调过来临时组建。特别是一些区县级投资平台,缺乏严格的管理规范,许多平台的高管人员,大多是由原政府官员担任,缺乏必要的企业经营管理经验、投融资经验及风险防范经验,因此在投资过程中容易出现决策失误、管理不科学等情况。

第二,治理不完善,信息披露不透明。治理不完善是中国城投公司的突出特点。今年来,地方政府设立的各类投融资平台行政色彩普遍较浓,各投融资平台往往由不同的行政部门组建管理,条块分割严重。虽然各地方政府都强调构建"借、用、管、还"

一体化、安全、高效的投融资平台,但在实际操作时,常常出现借、用、管、还相分离的问题。通常发改委规划哪些项目需要举债,财政厅(局)、人民银行负责贷款项目的审核,发改委和国资委负责监督、管理资金的使用情况,而举债的资金几乎都由财政部门偿还。各投融资平台不负责向财政部门报送财务报表,最终导致财政部门不了解各投融资平台的负债情况,各地投融资平台管理混乱的现象非常普遍。

就信息披露来看,城投公司的信息透明度低于一般企业,部分城投公司财务报表披露不及时,审计报告中缺少报表附注和对重大事项的说明。为了达到发债标准和扩大发债规模,许多城投公司存在包装和美化财务报表的问题,最为典型的是短期内注入大量土地资源,随意虚增其评估价值,某些城投公司的土地资产已经占其净资产的 1/2 乃至 2/3 以上。

(3)投融资平台定位模糊,投资效率低下

投融资平台公司作为地方政府融资的重要手段,必须要有成熟的市场经营模式,稳定的收益来源以保证融资的可持续性。但是现行很多基层政府投融资平台大多缺乏市场运营的总体规划,平台多以解决地方政府投资缺口,特别是解决地方配套资金不足为主要目的,并没有考虑其经营定位问题,市场运作很不规范。一方面,很多平台根本没有偿债能力,一些投融资公司没有经营性资源,只是按照政府要求实施项目投融资,存在举债主体与资金使用主体相互分离的问题;另一方面,对融资资金所投项目有时缺乏严格、科学的项目论证,从而造成资金使用上的严重浪费,导致平台的经济效益低下,投入产出效率过低。

(4)融资行为不规范,蕴含相当大的财政金融风险

第一,一些政府投融资平台规模偏小、负债率高,融资能力较差。以山东省为例,绝大部分市、县都成立了政府投融资平台,而且许多地方政府投融资平台按照业务领域的不同又分为城市建设、公共交通、道路桥梁等多家投融资平台公司,甚至针对某些融资规模大的项目成立专门公司,这些平台或公司通常独立运作,

往往资产规模小,资金运作能力较差,信用水平也较低。例如,济宁市 2010 年 6 月组建的 3 家市级融资平台公司,实收资本为 12.3 亿元,而其负债达到 92 亿元,资产负债率达 88.2%,自身负债率过高,整体实力不强,属于典型的"小马拉大车"。而一些投融资平台中还存在着资本金不足或资金不实以及抽逃资本金的现象,一些地方政府甚至采取各种变通手法向平台注入不实资产"滥竽充数",投融资平台再融资能力较弱,面临很大的经营风险。

第二,平台公司融资受地方政府庇护,对土地收益过分依赖,系统性风险大。特别是在经济总量较小、市场规模有限的县区级政府,对土地的过分依赖造成很大的系统性风险。由于市场规模有限,许多基层地方融资平台在融资过程中,常常需要依靠地方政府出具变相担保或由当地人大出具"安慰函"才能够从银行获得贷款,而这些变相担保或"安慰函"又大多是建立在土地价格上涨预期的基础之上。如果地价上涨,土地顺利出让且价格较高,那么地方政府就可以获得丰厚的土地出让金,从而顺利偿还贷款;一旦宏观经济走势发生重大变化尤其是房屋和土地价格下跌,那么投融资平台和商业银行所面临的风险就会暴露出来。

第三,地方政府注入资产评估价值虚高。为了能够达到发行债券的相关要求或者获得银行借款,个别地方政府对城投公司注入资产时,虚增其评估价值。城投公司毕竟不同于一般以盈利为目的的生产或流通企业,有的资产甚至完全不能给企业带来经济效益,已经不符合资产定义,不能形成对债权人权益的保障,但该类资产社会效益却很显著。有的资产虽然能带来经济效益,但并不以盈利为主要目的,如供水、供热和污水处理等市政公用事业资产,这些资产虽然有现金流,但盈利性很弱(而这仅有的少量盈利也往往是财政补贴的结果),总资产收益率可能远低于债券发行利率,也不能构成对债权人权益的有效保障。真正对城投公司债权人权益形成保障的是政府的可支配财力、政府对城投公司的支持力度以及抵质押资产的市场价值和流动性对债券本息的保障程度。

4.2.4　土地财政难以持续

土地财政是指一些地方政府过度依靠出让土地使用权的收入来维持地方财政支出。在我国城镇化进程中,土地财政发挥了重要作用,是当前我国城镇化融资的重要形式,是地方政府预算外收入的主要来源。它适用于基础设施、公用事业和公共服务三类项目,尤其是地方基础设施建设。改革开放 40 年以来,特别是 1994 年分税制改革以来,土地融资在城镇化融资中的地位不容忽视。2011 年,国有土地使用权转让金收入更是达到创纪录的 3.3 万亿元。土地融资已经成为城镇化进程中最为重要的融资形式。

诚然,通过出让土地获取资金的方式简便易行且收益可观,可以说,土地财政对缓解地方政府财力不足、缓解就业压力、提升城镇化水平、解决公共物品供给融资难问题都具有明显的促进作用。但不可否认的事实是,片面依靠土地财政的行为不具有可持续性。

首先,国有土地资源作为特殊的公共资源,具有明显的稀缺性。政府依靠土地出让金维持地方财政收入,势必会征占大量农民集体土地,大量失地农民形成新的待就业群体,增加社会就业压力;耕地的大量流失,对于我国这个人口大国、农业大国的发展构成严重威胁;同时,将土地供应同财政利益挂钩,导致高地价、高房价,不仅有损社会公平,也会为社会经济的可持续发展埋下隐患。

其次,政府将土地财政作为主要财源,间接导致银行信贷风险的加剧。地方政府将土地出让金收入作为地方政府债务偿还的主要资金来源,多数企业通过银行贷款支付土地出让金,企业通过开发土地或在土地上进行生产经营获取收益来偿还贷款,大量经营风险转嫁给银行形成巨大的信贷风险;同时,地方政府通过将未出让土地作为抵押物向银行申请贷款融资,不论其行为是否合法,其抵押物价值与地价息息相关,若地价下跌,将给银行造成巨大的损失,造成系统性风险。

再次,地方政府通过出让土地获取收益,其行为属于透支未来收益,于长期发展城投公司不利。众所周知,法律规定,土地使用权最低 40 年,最高 70 年,地方政府通过土地出让,将按年限累计的未来 40～70 年的土地收益一次性收取,预支了未来的土地收益,不利于地方资源的合理配置和地方经济的长远发展。

最后,土地财政收入多集中用于城市基础设施建设,不仅直接恶化国民收入分配、扩大城乡差距,而且由于政府投资具有明显的导向性,城市建设的发展带动了建筑业相关产业链的发展,间接影响了产业结构调整,产能过剩的低端产业大量消耗社会资源,与国家转变经济发展方式的方针背道而驰。

4.2.5　地方政府融资渠道单一,风险过于集中

就目前地方政府探索有效融资方式的实践来看,融资渠道比较单一,风险过于集中。通过土地入股或者土地收益担保获得融资,打捆贷款是政府融资的特点。地方政府成立融资平台,在地方政府承诺或其出具"安慰函"的前提下,国家开发银行及商业银行与地方政府建立了紧密的银政关系,并对其进行大额授信,发放打捆贷款。国家开发银行还协助地方政府完善信用体系,从而形成了一个地方政府、融资平台与商业银行间相互依存、紧密相连的基本融资框架。这就导致地方政府的融资产生较大的风险,并且集中于商业银行,一旦地方政府融资平台出现违约情况,地方政府的财政风险将很可能转移到银行系统,并引发全局性的金融风险。

第5章 国外发达国家城镇化推进的经验借鉴

5.1 美国模式

5.1.1 美国模式分析

通过对美国城镇化及地方政府融资历史过程及现状的回顾和分析,我们可以发现美国模式有如下几个明显特征:

(1)美国城镇化和地方政府融资发展与工业化、农业现代化及经济发展同步

这一点从历史化的城镇进程,及市政债券的发展历程可以清晰地看出,美国工业化的起始阶段也是城镇化的起始阶段,而工业化基本完成之时,城镇化也初步实现,随着工业化向新兴工业和第三产业等高级阶段发展,城镇化也向一体化和纵深发展。从图3-6可以看出,美国城市人口与工业增长值、城市人口占总人口比重与人均 GDP 有着大致相同的增长趋势。而市政债券的发展历程也遵循同样的步伐。19 世纪初,美国工业化开始起步,1812年,美国第一只市政债券诞生,此后,随着工业化进程的加快,市政债券也得到迅猛发展,随着工业化的完成和向高级阶段的发展,市政债券也进入成熟稳定的发展阶段。

此外,美国的城镇化是以农业现代化和农业生产率提高为前提的,美国的城镇化与农业现代化实现了相互促进、协调发展,这主要得益于美国制定了全面完善的农业政策体系。美国长期以来秉持以农民为本的理念,尊重农民利益,对农业实行保护政策,

用工业剩余反哺农业,妥善处理农民的困难和问题,不以牺牲农民利益为代价完成城镇化,这就避免了一些国家在城镇化过程中出现的城乡差距悬殊、社会混乱动荡的极端情况。同时,美国高度重视农业基础设施建设,进入 21 世纪以来,针对农村部分基础设施老化的情况,美国联邦农业部设立了乡村社区公共设施、住宅和企业等三大类 19 个子项目,帮助农村地区改善供水和排水系统,修建供电设施以及远程教育和网络工程设施等。

(2)交通运输和移民是美国城镇化的重要推动力量

交通革命在美国城镇化过程中发挥着巨大作用,可以说交通基础设施的跨越式发展是美国城镇化得以快速推进的前提。美国的交通发展经历了"运河时代"、"汽船时代"和"铁路时代"几次重大变革。19 世纪 40 年代美国建成了世界最发达的运河网。1828 年美国开始修筑铁路,到 1887 年,全国数以万计的大小城镇已由铁路网连接起来。横贯东西的铁路成为联结东西部地区的大通道,结束了西部的封闭状态,使东部的人力资源、先进的科技文化和充裕的资金被输送到西部地区,促进了西部农业经济发展,加速了农村劳动力向城镇的转移。铁路网将美国数以万计的大小城镇连接起来,随着铁路的铺设和延伸,以及后来高速公路的网络化发展,原有的大城市得以迅速扩张,大都市区和都市圈逐步形成;与此同时,一批沿五大铁路和高速公路沿线建立的中小城镇也茁壮成长起来。交通基础设施的大发展是美国大都市区、都市圈以及卫星城城市带能够形成和发展的前提,是大、中、小城市协调发展的重要条件之一,也是区域性城镇化发展的坚实基础。同时,交通运输的发展还大大刺激了工业革命,从而推动了美国的工业化和城镇化进程。

作为移民国家,美国地多人少,为了吸引劳动力,自 1776 年建国至 20 世纪初,美国采用了自由放任的移民政策。各国移民为了心中的"美国梦"蜂拥而至,1851—1910 年,仅欧洲向美国的移民就达 2337.3 万人,年均迁入达 39 万人。移民的大量迁入满足了美国城镇化和工业化对劳动力的需求。另外,这些移民中大约 1/4 是技术工人,他们带来的各种知识和技术无疑对美国的城镇化具有不可估量的意义。

(3)市场主导的城镇化与城市发展规划相结合

在城镇化的初期和中期,美国奉行自由经济理论,市场机制起主导作用,联邦政府调控手段薄弱,造成城镇发展机构性失调、城市无序扩张、土地资源浪费严重、生态环境破坏等一系列问题。对此,在城镇化后期,美国政府通过立法和执政干预,加强了城市规划和产业规划布局,更加重视对环境的保护。在 1918 年城镇化率超过 50% 之时,美国便确立了现代城市规划体制,起源于德国、旨在控制拥挤和防止外部入侵的区划论就是在这一时期的美国付诸实践的:1901 年洛杉矶制定土地使用分区管制规划,1916 年纽约市制定分区规划,20 世纪 20 年代分区条例在美国全国范围内普及,1924 年联邦出台"州分区授权法"。同时,以 1906 年的《芝加哥规划》和 1917 年美国城市规划师学会(AIP)的成立为主要标志,美国现代化城市规划的人本观念也得以创立,在对社会问题的关注、动态更新规划、公众参与等方面具有显著特色。

此外,加强规划也是美国小城镇稳步健康发展的保障。美国的小城镇发展规划始于 19 世纪末,是与美国的大城市建设一起发生的。最初,小城镇发展规划主要关注城市间的联系纽带和农村对城市腹地的辐射等问题,在这种背景下,有一定发展基础的小城镇进入城市发展规划体系,与此同时,大批小城镇主要分布在美国州际公路和市际公路主干线上。第二次世界大战后,美国政府对城市发展规划进行较大调整,小城镇发展规划强调定位的个性化,对住宅区、商业区、工业区予以合理布局,每一分区的规划又必须服从该城镇发展的总体规划,同时还要与州、地区性总体规划和交通规划相衔接、相配套。无论是小城镇发展总体规划还是区分规划,都从长远出发,对公共设施的服务能力留有充分的发展余地,并在规划中进一步考虑以后需要重修、扩建的项目。此外,小城镇发展规划的法律约束力极强,不会因人为因素随意改变而调整。小城镇发展规划的长期性和法律约束性,从根本上保证了美国小城镇建设的稳定性和规范性,使得美国小城镇得以健康稳定发展。

(4)大城市与小城镇和农村的协调发展

大城市优先发展是美国城镇化的主导方向。从 19 世纪末美国进入大城市建设时期开始,大城市在国民经济中的地位就日益突出,而"大都市连绵区"和城市带的形成也有效地带动了周边中小城镇的发展。而美国政府在城镇化过程中,亦十分注重小城镇发展,不断出台、更新城镇规划,促进小城镇与大城市协调发展。

20 世纪 60 年代,美国政府实行"示范城市"试验计划,对大城市中心区进行再开发,将人口分流到小城镇。10 年后,美国 10 万人以下的城镇人口增加了 25%,从 7700 多万人增加到 9600 多万人。在小城镇建设中,美国非常注重整合各种要素,培育龙头城镇和城镇群,提升聚集效能,在城镇群向都市圈和城市带的发展中,推进区域城乡一体化、公共服务均等化,消除城乡差别,实现均衡发展。

同时,政府完善农村基础设施建设。第二次世界大战以后,美国各级政府强化郊区及农村基础设施建设,加快建设电力设施,为农村地区大规模投资建厂创造条件。政府农业部门还大力帮助农村地区改善供水和排水系统,建立远程教育和网络工程等,农村生活方式实现了城镇化转变。

(5)地方政府融资以市场化的市政债券为主导

美国州及州以下地方政府,均以市政债券为主要融资方式。美国的市政债券市场是世界上最发达和最完善的,不仅拥有成熟的发行和交易制度,同时还有完善的监督和风险控制机制,这种市场化的融资方式非常透明,能够将地方政府债券置于政府和社会的监督之下,从而有效地防范债务风险,成为世界各国学习和借鉴的对象。

5.1.2 地方政府融资在美国城镇化过程中的作用

城镇化过程是一个农村人口不断向城市聚集、城市规模不断扩大、城市数量不断增长的过程,这一过程是以城市基础设施和交通运输建设的同步推进为前提的,而这必然产生巨额的资金需求,仅靠政府税收等一般性收入可以说是杯水车薪,因此地方政府融资在其中扮演了至关重要的角色。

首先,地方政府融资直接支撑了交通运输等各项基础设施的建设,从而极大地推动了城镇化的进程。从历史上看,美国州及州以下地方政府的债务规模虽然有起有落,但总是与地区基本建设——运河、铁路、公路等的修建有关。自 1825 年纽约州筹资开凿伊利运河成功后,各州纷纷效仿纽约州的做法,依靠发债进行基本建设,各州债务急剧上升。到 1840 年,各州债务总额已接近 1.71 亿美元。这是州及州以下地方政府举债的第一次高峰。1890 年,由于扩大公路建设,州及州以下地方政府债务再次增加,到 1916 年其总额已达 4.65 亿美元。20 世纪 60 年代后,随着美国城镇化进入成熟期,州及州以下地方政府负债逐步进入平稳发展阶段,运用范围更加广泛,债务管理日趋规范,债务规模持续增长。1991 年,州及州以下地方政府的未付债务总额将近 9160 亿美元,人均负债在 3600 美元以上。到 1998 年,流通中市政债券总量达 1.5 万亿美元,在流通中占各类债券的比重超过了 10%。与此同时,州及州以下地方政府依靠举债进行的基本建设项目越来越广泛。目前已涉及教育(学校建设等)、公路运输、公用事业、社会福利、市政建设、工业援助等各个方面。

其次,地方政府融资对于美国城镇化过程中社会保障体系建设、保障性住房以及教育投入等提供了重要的资金来源,保障了城镇化进程的平稳运行。例如,随着城镇化推进和新移民涌入,美国大城市中心区的住房短缺日益严重。为此,政府于 1934—1937 年建造了 2200 万套廉价公寓。联邦政府还将资金以贷款形式拨付给地方政府,建造低租金住宅,为买房者提供信贷抵押保证和税收补助金。第二次世界大战后,为引导城市人口外迁,联邦政府于 1944 年颁布《军人修正法案》,安排 1600 万老兵在郊区定居,并在对城市不动产征收高额税的基础上,实施《城市租金控制法》

以控制市区房租。20 世纪 90 年代末,在全民住房自有率很高的基础上,政府重点帮助低收入家庭、残障人、少数族裔等弱势群体解决住房难题。

美国在城镇化过程中大力扶持城镇社区教育,鼓励民间办学。20 世纪 60 年代中期,美国出台了中小学教育法、高等教育法等,向贫困城镇和农村地区提供大量政府援助,使农村及城镇所有学龄儿童都能享受到充分的教育。美国政府每年还投入大量资金用于职业教育、失业者转岗培训及城镇化过程中失地农民的就业培训,帮助就业。

再次,地方政府融资使得美国政府能够在经济萧条时期实施积极的财政政策,刺激经济增长,促进科技进步和新兴产业的发展,从而加快工业化和城镇化的步伐。

最后,从美国城镇化的历程来看,地方政府融资可以说是与城镇化同步发展。从图 3-7 可以看出,美国市政债券发行量的增长与城市人口的增长有着大致相同的趋势,仅在 2011 年出现了严重偏高,原因是当年金融危机后经济疲软外部因素的影响,美国地方政府由于财政收入下降,财政赤字高升,债务飚升,没有能力提供资金担保,无法发行新债券,使当年市政债券的发行量骤降。

5.1.3　美国模式存在的原因分析

美国的城镇化体现出自由放任、市场主导的特征,而在城镇化过程中地方政府又主要采取市政债券市场化的融资方式,这些现象都并非偶然,而是由美国的政治体制、财税体制、金融市场发展程度以及人口地理等因素共同决定的。

从政治体制和经济制度来看,美国属于典型的联邦制国家,其政府结构包括一级联邦政府、50 个州政府和一个联邦直辖特区以及 8 万多个县、市、镇、学区或其他特别服务区。地方政府从属于州政府,与其他国家相比,地方政府在美国政治生活中的作用要大得多。在《宪法》的保护下,联邦政府、州政府和地方政府均

在各自权限范围内享有独立权力。美国是当今世界最发达的资本主义国家,也是市场经济的典型代表,在其城镇化和城市发展的过程中,市场发挥着至关重要的作用。由于美国政治体制决定了城市规划及其管理属于地方性事务,联邦政府调控力度较弱,政府没有及时对以资本为导向的城镇化发展加以有效的引导,造成城镇化发展得自由放任和过度郊区化,并为此付出了高昂的代价。

从财税体制来看,与政府权限划分相对应,美国财政体制也具有突出的自治性特征。美国《宪法》确立了各级政府的职责和支出责任,同时也赋予各级政府相应的税权,使联邦、州和地方各级政府的财权与事权明晰,有法可依。《宪法》规定,联邦政府主要负责全国性的国防及公共福利,而州政府主要承担联邦政府职责以外的属于州内管制的事务,地方政府的权力和职责是由州宪法和相关法律规定的。就财权而言,各级政府均拥有各自独立的税收决定权和支出预算。按照管理权限划分,美国税收体系包括联邦税、州税和地方税,三级税收形成独立的税收来源和管理体制。这种财权事权的清晰界定以及各级政府的预算独立正是市政债券融资体制得以发展成熟的前提条件。

从金融市场来看,美国发达的金融体系和金融制度为地方政府顺利筹集资金投入城镇化建设提供了有效的市场保障。美国证券市场起步于18世纪末,经过200多年的发展,至今已相当成熟和完善。美国债券市场是世界上历史最悠久的债券市场之一,其发展可以追溯到1792年。当时,为了方便美国政府债券的销售和交易,成立了纽约股票交易所。换言之,作为当今全世界交易额最大的股票市场,纽约股票交易所在当年实际上是债券交易所。20世纪70年代的两次石油危机促使利率市场化、金融自由化和金融全球化迅速发展,这使得大量企业、地方政府开始主要依靠债券市场而不是银行贷款来获得直接的债务性资金,其结果就是债券发行规模的迅速增长。现在,债券已经成为美国政府和企业最重要的融资工具之一,美国的债券市场也成为汇聚全球资金的重要资本市场。截至 2012 年年末,美国债券市场余额已达 38.14 万亿美元,占其 GDP 的 243.15%;其中,市政债券余额达 到 3.71 万亿美元,占 GDP 的 23.68%。同时,美国债券市场有着 活跃的二级交易市场、完善的信息披露制度、债权人保护机制以 及丰富的投资者群体,美国还拥有世界上最为发达的信用管理体 系,这些都为市政债券的繁荣提供了有力的保障。

从人口地理因素来看,美国领土面积 962.9 万平方公里,其 中陆地面积 915.9 万平方公里,位居世界第四,仅次于俄罗斯、加 拿大和中国。截至 2011 年年末,全国人口总数 3.12 亿,人口密 度仅为 34 人每平方公里(陆地面积)。地广人稀的特征使得人口 以城市为中心低密度基延和过度郊区化成为可能。

5.1.4　美国模式的总结

综上所述,美国作为一个典型的联邦制国家,地方高度自治 的政治和财政体制决定了其市场主导型的城镇化道路,其城镇化 步伐与工业化保持同步,是工业化自然发展的结果,并且以农业 的发展和农业生产率的提高为前提,从而保证了城镇化过程粮食 问题的解决和农业的发展。虽然城镇化进程以自由放任为主,但 政府仍重视城市建设规划,采取措施保证大城市与中小城镇和农 村的协调发展,并以教育投入、环境保护、社保体系建设及住房保 障等的宏观调控,来保障城镇化的顺利推进和健康发展。美国地 广人稀的特点为其郊区化的过度膨胀提供了可能,这也是美国城 镇化的弊端,它造成资源浪费、环境污染、贫富差距扩大等一系列 经济和社会问题。同时,由于市场经济和金融市场高度发达,美 国在城镇化过程中主要采用市政债券这一市场化的融资方式,市 政债券的发展演变史与其城镇化史、基础设施建设史,尤其是交 通运输革命史(这是美国城镇化的重要推动力量)基本吻合,可以 说城镇化是市政债券发展壮大的主要动因,而市政债券是美国城 镇化的资金支柱。

5.2　日本模式

5.2.1　日本模式分析

（1）城镇化与工业化、农业现代化及经济发展同步，且速度惊人

与美国相似，日本的城镇化也是与工业化和农业现代化同步的。不同的是，日本的工业农业和城镇化曾在一段时期内（1950—1975 年，经济发展黄金期）以惊人的速度集中爆发式增长，在短时期内迅速完成了工业化和城镇化。1960—1969 年，日本的机械工业增长了 5 倍，钢铁工业增长了 312 倍，化学工业增长了 216 倍，纤维工业和食品工业也都增长了 1 倍以上。同期，其他国家的工业增长情况是：苏联 1 倍，意大利 86%，法国 68%，前联邦德国 67%，美国 60%。

第二次世界大战前，日本农业长期具有"多劳多肥农业"之称，即主要采取多投入劳动力和多施有机肥料的方法发展农业，农村人口一直比较稳定。直到 1947 年，日本就业人口仍占总就业人口的 54.12%，属于典型的"传统型"产业结构国家。第二次世界大战后，日本大力推广农业机械化作业，推动农业劳动生产率的提高。1950 年，日本仅有农用拖拉机 700 台，1976 年猛增到80 万台，26 年增加了 1000 多倍；同期，美国只增加了 11%，联邦德国增加了十多倍，法国增加了 9 倍，均大大低于日本的增速。1960—1975 年，日本的动力喷雾机从 2312 万台增加到了 131101万台，增长了 516 倍，农用汽车从 1013 万辆增加到了 11016 万辆，增长了 11 倍。1967 年日本水稻的机耕面积达 96%，机械收割面积达 80%，机械脱粒达 98%。

农业机械化和农业技术的进步，产生了大量农村富余劳动力，为农村劳动力向城市的转移提供了重要的前提条件。日本农村就业人

口占总就业人口的比重急剧下降,1955年降为40.12%,1975年锐减至13.19%,1980年降至10.19%,1998年为5.12%;1960年,日本农户为606万户,1975年减至495万户,1990年农户数降至383万户。

（2）城镇化的发展速度与地方政府债务的增速相吻合

从日本城镇化的历史可以看出,城镇化高速发展时期也是地方政府债务激增时期,1955—1975年,日本城镇化水平由56.1%提升为75.91%,年均增长一个百分点;同时,1955—1965年,日本地方政府债务十年间增长了225%,1965—1975年,日本地方政府债务增长了913%。而在城镇化增速减慢、进入稳定发展阶段时期,城镇化水平由1970年的72.07%提高到2000年的78.68%,地方政府债务的增长也放慢了许多,1991—2003年的12年间,地方政府债务增长了180%。

（3）大城市优先发展的、高度集中的城镇化

日本的城镇化是高度集中的城镇化,城镇化进程主要围绕三大都市圈及其周边地区展开。其显著特征是大城市优先发展,然后再向外扩散,波及周围地区乃至其他城市,这当然也是与日本工业化的背景有关。明治政府在宣布进入资本主义社会时,当时的日本既无资产阶级这一阶层,也无任何工业基础,政府依靠由封建官僚和武士转身而来的财阀的力量推动了初期的日本式工业化。这就造就了其工业化首先从政客和商人集中的大中城市出发,然后再逐步向外辐射到其周围地区,最终形成了分别以东京、大阪、名古屋为核心的东京、大阪、名古屋大都市圈。由表3-5可见,自1985年开始,日本1000万以上的城市人口在城市总人口中的占比超过40%,这在各国城镇化进程中是较为罕见的;而500万以下的城市人口在总的城市人口中的占比就低于世界水平了。

（4）大中小城市协调发展

日本坚持小城镇建设,与大中城市发展相衔接,形成以中心城市为依托,中小城市为网络,小城镇星罗棋布的城市化体系。

一方面,日本政府将"母都市—绿化隔离带—卫星城"的发展模式纳入法定城市规划,大力发展城市圈。以东京城市圈为例,该城市圈以东京为中心,半径达 100 公里。在距东京市中心 40～50 公里的范围内,配置了 12 个卫星城,每个卫星城容纳 10 万人;在东京外廓 70～80 公里的范围内培育了一批地方中心城市,每个城市人口规模达 20 万人;在这些地方中心城市的周边又配制了一批卫星城。同时,在母都市(东京)内部,以 20 万～30 万人口为单元划分"单能都市"(即功能相对自立的城市组团),并在每一个"单能都市"的中心划定商业地域,"单能都市"之间则由楔状绿地或单内环绿地分割。上述发展模式的实施,不仅减轻了原有大城市的压力,也充分发挥了大城市在城镇化过程中的辐射作用,促进了大批中等规模城市的迅速发展。

这些中小城市在日本城镇化过程中发挥着特有的综合功能。这些人口在 3 万～10 万人的小市及町遍布全国各地,都是包括第一、第二、第三产业在内的综合经济体。在其形成及发展过程中,政府、企业及当地民众都十分重视发挥其综合功能,包括经济功能、生态功能及社会功能。另外,还将传统风俗与现代化相互融合,大力发展城乡交流及旅游农业。政府在规划中明确划分了市区、郊区、农区、工业区及休闲区,第一、第二、第三次产业密切结合,使经济、社会和文化协调发展。

另一方面,日本在不断扩大原有城市规模的基础上,采取"第二条腿走路"的方法,通过合并村镇建立新城市。1955 年,日本政府颁布了《町村合并促进法》,使日本町村数,从 1950 年的 10411 个减少到 1975 年的 3257 个,城市数相应从 214 个增加到 641 个。原有小城镇面积迅速扩大,各种资源更加集中,聚集效应得以充分发挥。直到现在,日本还在推动町村的合并(见表 3-6)。

(5)小城镇发展良好且富有特色

日本除大中小城市外,农村城镇化率也大幅提升。农村的城镇化率(建制镇人口占农村总人口的比率)从 1990 年的 88.5% 增长到 2000 年的 91.0%。同时,小城镇在人口规模、面积和经济实力上都有了很大的提升。1980—2000 年,日本全国小城镇人口,已从 2490 万人增加到 2515 万人,增加 25 万人。20 世纪 90 年代,日本规模较大的小城镇人口,从 3 万～4 万人增至 4 万～5 万人,增加 1 万人左右。通过町村合并,原有小城镇的面积迅速扩大。同时,经济实力也显著增强,京都府的美山镇 1985—1998 年度人均财政支出额从 50.1 万日元增加到 99.5 万日元,增长近 1 倍。

日本小城镇的发展往往纳入大城市圈,并与中小城市相联合。在日本首都的《整备计划》中,总共囊括 108 个农村小城镇。其中,纳入"近郊整备地带"的有 53 个镇,纳入"都市开发区域"的有 55 个镇。由于拥有首都圈内的政策优惠和城市大市场,这些小城镇的经济取得了较好的发展。其中,奈良县的"南和广城市镇村联合"是农村小城镇与中小城市联合发展的一个典型;通过与五条市的联合,吉野、大淀、下市三镇的经济实力得到稳步增长。

日本小城镇的地域特色鲜明。据统计,20 世纪 80 年代,日本有 117 个市镇村被政府指定为个性地域;20 世纪 90 年代以来,先后又有 22 个具有历史、地理、风土、文化等不同特点的市镇村被政府指定为个性地域,成为个性地域的发展样板。以大分县为例,20 世纪 80 年代初,大分县发起了"一村一品"运动,鼓励运用地方资源生产本地产品,本地产品既包括农产品,也包括历史遗迹、文化活动和旅游名胜等。大分县首府大分布西北 20 多公里处的汤布院镇是该县开展"一村一品"运动的成功典型。汤布院镇充分利用丰富的温泉等自然资源,在保持土地原始形态的基础上,开发特色鲜明的旅游产业,带动了全镇经济的快速增长。通过个性地域的发展模式,日本小城镇一改以往资源分散、结构趋同的局面,向地方化、田园化、个性化方向发展,小城镇的地方文化和产品培育成为新的经济增长点,形成了浓厚的地方特色,不但促进了当地经济发展,还避免了城镇化过程中产业趋同、千城一面的现象。

（6）政府在城镇化过程中发挥着至关重要的作用

与美国自由放任的城镇化不同，日本政府对于城镇化的引导作用是比较显著的。整个城镇化过程中，从制定城市发展规划到促进农村人口转移等，到处都可见政府的影子。

第一，大力开展多层次、多类型的城市规划。日本在城镇化过程中，非常注重城市发展规划的制定和实施，政府根据不同时期、不同地区出现的不同问题，具体安排规划目标，再把规划目标化解为实施项目，由相关主管部门负责组织实施。第二次世界大战后，面对百废待兴的局面，日本政府通过了《战灾地复兴规划基本方针》，明确规定要细化功能分区标准、强化对建筑覆盖密度的管理，并设置了专门负责国土整治的机构——国土厅，1950 年又制定了被称为"国土开发宪法"的《国土综合开发法》。1955—1970 年日本经济高速增长，城镇化加速发展，为防止部分城市规模过大，缩小区域经济发展差距，实现全国均衡发展，日本政府开展了多层次区域空间规划，其中最有特色和最富有成效的有"全国综合开发规划""大都市圈规划"和"地方都市圈规划"。1970—1980 年，日本受石油危机的影响，从经济高速增长期转入稳定增长期，城镇化发展速度有所放缓，这时，政府编制了《第三次国土开发规划》，提出了"定住圈"构想，按区域分别制定人口、就业、家族、生产所得等定量目标，据此来协调各级城镇的发展。进入 20 世纪 80 年代，日本步入后工业化社会，城镇化水平趋于稳定化，大量人口集中于东京大都市圈。为此，日本政府于 1987 年编制了《第四次国土综合开发规划》，提出构筑"多级、分散性国土"，将"构筑交流网络"作为国土开发的基本目标，加快推进全国交通通信网络建设，扩大生活和经济活动圈，在形成便捷交通网络的基础上，逐步实现国土的均衡发展。

日本非常注重地区开发，20 世纪 90 年代提出了建设地方新产业城市、发展"高技术工业聚集区"、实施"高科技园区构想"以及在后进地区建设工业开发区等一系列方案。日本政府根据各都道府县的申请，指定 15 个市政及地区为重点发展的地方新产业城市。先后实施五次建设基本计划,仅第四次建设基本计划,就投资 322900 亿日元。在 1984—1990 年先后动工,预计用 10 年建成的"高技术工业聚集区",就有 26 处。

迄今,日本制定并实施的有关国土开发和城镇发展的计划,分为全国计划、大城市圈整备计划和地方城镇开发促进计划等三大类、14 小类,共有 200 余项计划,如《全国综合开发计划》《国土利用计划》《大都市圈整备计划》以及《地方城镇开发建设计划》等。

第二,积极发展农村教育,促进农村剩余劳动力向城镇转移。1947 年,日本政府颁布了《基本教育法和学校教育法》,规定所有适龄人口的义务教育从 6 年延长至 9 年;20 世纪 80 年代,又普及了高中教育,使 40% 以上的农村适龄青年跨入了大学校园。此外,政府在农村推行了一套职业训练制度,为农村谋职者提供各种学习机会,并鼓励企业和社会团体对农民进行职业技能训练,使他们获得劳动技能,并适应工业化所需的工作环境。

第三,通过立法和政策引导促进农业现代化和农村人口的转移。1961 年,日本政府制定了《农业基本法》和《农业现代化资金筹措法》,规定在 10 年内要将农村中农户总数的 60% 转移到非农领域,同时计划由国家补贴利息,向农户提供长期低息贷款,促使农业现代化,改变原有农业结构。日本重点扶持规模较大的自立经营农户,鼓励小农户脱离农业,转向非农产业。这一措施收到了明显的效果。农业人口占全国总人口的比重,由 1960 年的 37.1% 下降到 1970 年的 28.1%,农业人口净减少 823 万人。此后,日本政府又利用"农协"组织,引导农业生产形式向"龙头企业+基地""农协(市场)+基地"转变,使农业逐步融入工业循环的大体系之中。1999 年,日本又出台了《食品农业农村基本法》,进一步引导农业生产向纵深发展。

第四,制定相关法律确保城市规划和城镇化进程的顺利实施。日本是个法治化程度很高的国家,为保证城镇化进程的顺利进行,政府制定了众多法律来规范和引导城镇化发展。战后日本政府制定并实施的国土开发、城镇发展建设以及解决"城市病问题"的立法,大致分为 9 大类,近 220 件。其中,直接推进城镇化的立法也有近 40 件。20 世纪 60～70 年代的重要立法就包括:1962 年《煤烟限制法》,1966 年《城收宅计划法》,1967 年《公害对策基本法》,1968 年《新城计划法》和《农振法》,1970 年《建筑基准法》修订,1972 年《自然环境保护法》以及 1974 年《国土利用计划法》。为保证国土综合开发计划的顺利实施,日本政府除连续五次颁布全国综合开发规划,还根据各地的特殊条件,分别制定了地方的开发法,如《北海道开发法东北开发促进法》《九州地方开发促进法》《四国地方开发促进法》等。

政府每隔 10 年左右会针对新的情况制定或修改一次立法,如为推进城镇化,在颁布《新城镇村建设促进法》(1956)、《关于市合并特例的法律》(1962)的基础上,在 1965 年又颁布了《关于市镇村合并特例的法律》,之后分别在 1975、1985 和 1995 年先后修改过 3 次。

(7)日本地方政府债的市场化程度较低

总体来说,日本的地方公债市场化程度较低,行政色彩较浓。从上一节中我们看出,具有政府转移支付性质的公共资金认购债券和具有私下协调性质的私募债券在地方政府债券体系中占据主导地位。长期以来,针对公共部门资金的、以借款证书形式存在的借款成为日本地方政府债券融资的主要来源。即便是针对私人部门资金的市场型债券也是以银行等机构认购的私募债券为主,2000 年之前日本市场型债券中私募债券所占比重一直超过80%,之后随着财政投融资体系改革的推进而有所下降,但仍占据主体地位。2001 年日本投融资体系改革以来,尽管政府基金在地方债资金来源中的比例明显缩减,公募债的比例明显上升,但直到 2010 年,公募债券在地方债中的占比也仅有 27.05%,其余72.95%均属公共资金认购债券和私募债券。2006 年以前,日本地方债券实行审批制,每年财政部长会同总务省部长确定地方债券计划,分配地方政府发债额度,同时也指定政府资金和私人部门的债券购买者。2006 年以后,日本由审批制向协商制过渡,地方政府发债自主性增强,但仍受到中央政府的严格限制。因此,可以说日本地方债券很大部分实质上是以金融市场融资方式表现出来的财政特殊安排。

5.2.2　地方政府融资在日本城镇化过程中的作用

如前所述,政府宏观调控在日本的城镇化进程中发挥着显著作用,而政府调控势必需要扩大公共投资。与 1950 年相比,日本 2000 年的政府支出中,政府消费总额增加 115 倍,而政府公共投资总额却增加了 210 倍。1950—2000 年,政府消费总额年均增长 10%,而政府投资总额年均增长 11.3%。公共投资的快速增长仅靠地方财政收入是远远不够的,尤其是在经济萧条时期以及减税政策实施期间,因此地方政府融资在日本城镇化进程中扮演着至关重要的角色。

(1)地方政府融资促进工业快速发展,从而推动城镇化进程

政府不仅为工业发展提供导向,而且还提供种种优惠措施以促进工业增长。第二次世界大战后,日本经济的快速增长主要依赖于以高新技术为基础的工业现代化。20 世纪 80 年代以前(日本城镇化的重要阶段),日本的高新技术主要是以"引进和模仿"为主,日本政府对几乎所有的高新技术进口都实行减免税制度。在高新技术的产业化过程中,从用地、配套设施建设直至生产、销售等整个过程政府都给予种种政策支持和帮助,地方政府融资为这些政策措施提供了资金保证。

(2)地方政府融资推动农业现代化,促进农村剩余劳动力的转移

农业现代化和农村劳动生产率的提高是农村人口向城市转移和实现城镇化的前提。日本政府在这方面采取了很多措施。1961 年日本政府制定《农业基本法》和《农业现代化资金筹措法》,规定由国家补贴利息,向农户提供长期低息贷款,促进农业现代

化。这些政策措施的落实离不开地方政府融资的支持。

（3）地方政府融资促进了农村城镇化和城乡协调发展

日本的城镇化给农村造成了严重问题，如农村人口稀疏、产业衰退、缺乏基础设施、文化水平落后等。同时，城镇化使得大量农业用地被挤占，粮食主要依靠进口。而政府通过贷款和发行地方债券等方式大力发展农村公共基础设施建设，提高日本的农村城镇化水平，在很大程度上推动了城乡协调发展。

（4）地方政府融资为城镇发展创造了基础条件

政府投资于铁路、公路、港口、机场、工业用地等基础建设，这些设施的建成，极大地促进了城镇的企业迁入、人口增加和商业繁荣，加速了城镇经济集聚的进程。同时，地方政府融资也为解决城镇化进程中产生的环境破坏、交通拥堵等问题发挥了积极作用，如为了改善交通拥堵问题，日本采取实施电气化、地铁化等一系列措施，增加轨道交通的输送能力，开辟新线路，大力发展公共交通。

（5）地方政府融资为"技术立国""教育立国"等重大战略提供资金支持，从而推动城镇化进程和城市健康发展。

日本于 1950—1973 年引进技术 2019 万项，成为世界上引进技术最多的国家。人才的集聚，是城镇发展建设成败的重要因素。1950—2000 年，日本财政支出中的教育经费，从 15.98 亿日元增加到 55039 亿日元，猛增 3443 倍。教育领域的大量投资有助于改善教育设施，提升教育水平，为城镇发展培养出更多技术人才、管理人才和熟练劳动者。

5.2.3　日本模式存在的原因分析

日本的城镇化发展速度较快，并体现出较强的政府调控特征，而在城镇化过程中日本形成了一套适合自身发展的城镇化模式。

从人口地理因素来看，日本是东北亚一个由本州、四国、九州、北海道四个大岛及 3900 多个小岛组成的群岛国家,国土面积狭小,仅 37.78 万平方公里,且多山地少平原。截至 2011 年,其人口超过 1.28 亿,人口密度达 338.29 人/平方公里,是美国的近10 倍,是中国的 2 倍多,也是发达国家中人口密度最高的国家之一。地少人多、资源匮乏的局面也决定了其必然选择高度集中型的城镇化道路。以大城市为核心的空间集聚模式,不仅能够获得资源配置的集聚效益,实现跨越式的经济腾飞,还可以最大限度地保持耕地、森林和潜在的绿化,日本在城镇化进程中保持了很高的森林覆盖率,2010 年达到 68.5%。

5.2.4　日本模式的总结

综上所述,日本作为一个地方自治程度较低的单一制国家,其城镇化进程体现为政府主导型;日本地少人多、资源匮乏的国情又决定了其必然选择高度集约型的城镇化道路。

日本的城镇化有两大突出特点:第一,其在第二次世界大战后的经济发展黄金期内城镇化率迅速提高,一举成为高城镇化国家,其发展速度绝无仅有。第二,政府规划和调控在城镇化中占据重要地位,政府规划保证了日本大、中小城市和小城镇的协调发展,尤其是其小城镇的健康发展以及大、中小城市和小城镇之间的良性互动值得我们借鉴,同时日本通过引进先进技术、大力发展教育来推动工业化和城镇化进程以及农业的机械化,使得城镇化与工业化和农业现代化同步发展。

日本城镇化的弊端在于人口过度集中于大城市,造成住宅拥挤、地价飙升、公害严重、环境恶化等问题。

日本政府在城镇化中的重要角色也意味着地方政府融资在城镇化中的重要作用。日本在城镇化过程中主要通过发行地方公债来进行融资,但由于其中央集权型的政治和财政体制,日本的地方公债与美国的市政债券存在着很大差异,其以公共资金认购债券及私募债券为主体,体现了较强的行政安排色彩。

地方政府的主要融资方式——地方公债又带有较强的行政安排特性，这些现象并非偶然，而是由日本的政治体制、财税体制、金融市场发展程度以及人口地理等决定的。

日本是一个单一制国家，中央政府独自负责稳定政策的制定和实施。全国共有 1 都、1 道、2 府、47 个县，每个都、道、府、县下设若干个市、町（相当于我国镇）、村，目前全国共有 1700 多个市、町和村。第二次世界大战后，重新修订的日本《宪法》确立了地方自治制度，但从财政的角度来看，日本地方政府严重依赖于中央政府。

日本地方财政的建立起始于明治维新时期，是在以明治天皇为首的改革者自上而下的变革大潮中应运而生的。由于变革自上而下的特征，日本地方财政从诞生之日起，就带有明显的中央集权印迹。1993 年开始了分权化改革，2000 年分权化改革进入具体实施阶段。但地方财政体制仍体现出强烈的中央集权色彩，日本的地方自治常被调侃为"三分自治"或"四分自治"，存在着较为严重的纵向不平衡，地方税收收入只占全国税收收入的 30％～40％，支出却占全国支出的 60％～70％，财政支出的大部分依赖中央财政向地方财政的转移支付，主要包括地方交付税、国库支出金等，缺口部分则在国家确定的地方财政计划中批准地方政府发行债券弥补。日本地方政府自治范围内的大部分事务，名义上属于地方事务，实际上是一种中央地方"共同事务"。中央政府通过提供经费，可以进行各种形式的干预，并引导、纠正、调控地方政府的支出活动，实现中央政府的政策目标。中央集权的政治和财政体制决定了日本政府在城镇化过程中有较多的行政规划和干预，以及日本地方政府融资中有较深厚的行政计划色彩。

从历史因素来看，日本的经济增长方式决定了其高度集中的城市发展模式，由于战后日本在很短的时间内迅速完成了工业化进程，所以其城镇布局必然是压缩式的模式。

就日本债券市场来说，作为证券市场的重要组成部分，日本债券市场也很繁荣。1985 年，东京债券市场交易额达 28 万亿美元,超过了美国,成为世界上最大的债券场,这也是日本地方政府主要依靠发行地方公债融资的原因之一。2012 年,日本券发行额 202.49 万亿日元,债券余额达 1011.75 亿日元,占 GDP 的212.61%,债券种类丰富,包括国债、地方政府债券、政府担保债券、财投机构债券、金融债券、武士债券、将军债券、公司债券、资产支持债券以及可转换债券等。但日本的债券市场距离完全的自由化和市场化还有相当的差距。新发行债券在很大程度上靠金融机构认购,债券最终投资者的核心是银行、保险公司、官公厅共济组合、事业法人等,个人通过证券公司认购的比重较小,本应反映长期资金供求的债券流通,在很大程度上受短期金融机构资金头寸变化的影响,很难形成适当的价格。因此,日本地方公债主要是公共资金认购债券和私募债券,真正市场化的公募债券比例较小。

5.3　德国模式

5.3.1　德国模式分析

(1)工业化、城镇化和农业现代化同步发展

通过德国城镇化的发展历程,我们可以明显看出德国的城镇化是紧紧伴随着工业化进程的,并以产业革命作为最大推动力。同时,德国在推进工业化和城镇化的过程中,始终注重提高农业现代化水平,做到"三化"相辅相成、协调发展。自 20 世纪 50 年代以来,德国农场数量和农业就业人口急剧下降,但劳动生产率却大幅度提高。1949 年农场数量约为 160 万个,到 2009 年下降为 33 万多个。同期,农业就业人口也由 480 万下降为 85 万多。作为技术和生物创新以及农业专业化和合理化的结果,农业生产率也成倍提高,如 1950 年一个农民可以供养 10 人,而到 2009 年已经可供养 140 人。

　　(2)多级城市群,特色产业支撑

　　德国的城镇化与美国、日本之间最经典的区别在于:人口和资源并未向单一支配性中心城市过度集中,而是形成若干功能互补的多级城市群。这也是德国区域城市可持续发展的重要因素之一。从表3-9可以看出,德国城市人口中的70%～80%集中在50万人以下的小城市(城镇)。在德国,谈论一座城镇的发展似乎是没有基础的,所有的城市都是处在一个发展的城市群中,又各自在生产力布局上具有相对独立性,如就业和服务等。德国有11个大都市圈,包括莱茵—鲁尔区、柏林/勃兰登堡、法兰克福/莱茵——美茵区、斯图加特、慕尼黑、汉堡以及莱茵—内卡河区等。这11个大都市圈分布在德国各地,聚集着约4430万人口,占德国全国总人口的1/2。以莱茵—美茵区为例,它覆盖了8100平方公里的土地面积,拥有约420万人口,359个市政当局,其中包括法兰克福、威斯巴登、美因茨、阿森芬堡和达姆斯塔特5个大城市,没有哪个城市在经济或政治上可以支配其他城市。又如,莱茵—鲁尔的多级区域城市(曾经因生产煤和钢铁而被称为"鲁尔工业区"),20世纪初就以各具特色的工业链条构筑了以埃森、杜伊斯堡、多特蒙德等城市为轴心的多中心城市带,包括5个人口在50万以上和22个人口在10万以上的城市,整个城市区域的人口约在1100万,土地面积1.6万平方公里。德国没有城市中心,其规划和产业政策的重点均以中小城市为主,经济、就业、交通和居住的联系都是发生在城市区域层次上的,便捷的铁路、公路交通和通信设施把他们联系在一起,形成了一种多级的城市区域。

　　在多级城市群发展中,德国注重特色产业支撑。德国城市虽然规模大小不一,但各个城市都有自己的特色、定位和侧重点,呈现出主导产业突出的鲜明特点。例如,柏林市文化、工业中心,法兰克福是金融中心,汉堡是贸易中心,斯图加特是汽车城,海德堡是科研城、文化城和旅游城。这种城市特色产业和文化可以增强居民的自豪感、凝聚力和城市环境的舒适度,有利于提升城市的形象,增强城市的竞争力。

(3)大中小城市协调发展,小城镇发展完善

整体来看,德国城镇化呈现结构相对合理、大中小城市均衡发展的格局:以少数大都市为全国城市的龙头,以适量的中等城市为骨干,形成区域经济、文化和交通的中心,以遍布全国各地数量众多的小城镇为基础。在每个大中城市的周围都分布有相对集中的近乎于卫星城的小城镇群。其中,不少小城镇是产业集群的所在地,中小企业众多,创造了大量就业岗位。与这种城市结构及其分布结构相对应,德国的经济、文化、教育、公共服务等各种资源分布相对合理。

德国小城镇构成了德国城市和乡镇结构的基础,在经济社会生活中占有重要地位,发挥着重大作用。其风景优美,人文气息深厚,同时基础设施完备,生活方便。自然崇拜和德意志森林意识推动了德国的环保与绿色和平运动,保护了农村的自然田园风光。德国是人文主义思想的发源地,给小城镇留下浓厚的人文氛围,且十分注重保护历史文化遗产。城镇古建筑保存得完好,今天的德国仍保存有2万多座古城堡,到处可以见到尘封已久的古堡宫殿、古建筑,以及浓荫密布的传统园林,这些小城镇已成为德意志历史的缩影和文化的精华,也是世界游客的旅游胜地。此外,很多小城市都与著名大学紧紧联结在一起,因大学而闻名,造就了一批享誉世界的大学城。

在德国小城镇的建设中,处处体现出"以人为本"的理念,充分考虑和满足居民的各种需求。大到银行、商店、邮局、交通、道路、消防队和医疗,小到休闲椅、停车场和公厕的设置,甚至残疾人无障碍通道、马路的自动收费设施等,都在规划布局中,即使是上百年历史的老房屋,都安装了现代化的卫生设备和供暖设施。

德国政府推出了不少鼓励乡镇发展的计划。例如,2001年启动的"联邦生态农业计划",专门促进德国生态产品产业链。自1961年开始,每3年举行一届的德国"三好村"评选活动,也在推动人们建设环境优美、基础设施完善、人民参与积极的乡镇。

　　（4）先进的城市规划

　　德国政府效仿英国，前瞻性地制定城镇化健康发展的公共政策，较早在主要大城市成立城市统计局（法兰克福于 1865 年，柏林于 1868 年，科隆于 1876 年），关注人口发展、死亡率等问题。德国早在 19 世纪后半叶就建立起具有现代意义的综合型城镇扩展法制框架，如 1870 年的《道路红线法》、1874 年的《土地和建筑征用法》和 1875 年的《普鲁士建筑线条例》等。19 世纪末期是德国城市规划理论与实践的活跃期，开创了现代城市规划理论起源的一个重要分支。1891 年法兰克福市颁布"分级建筑规则"（早于美国的"区划法"），是国际上采用"区划法规"（我国称"控制性详细规划"）进行土地利用规划管理的开端，是国际现代城市规划发展的一个重要里程碑和转折点，促进德国通过法治手段更加理性、有效地应对城镇化发展的相关问题。1896 年鲍迈斯特编制第一部城市规划大纲，1902 年德意志田园城市协会开始田园城市运动，1903 年德累斯顿举办第一次德国城市规划展览。

　　为了减少人口高度集聚对中心城市形成的压力，德国通过规划促进"分散化的集中型"城市布局的形成。以首都柏林为例，两德统一后，德国首都移至柏林，使该城市面临巨大的人口和土地开发的压力。柏林市与相邻的勃兰登堡州一起，实施了"区域行动"发展战略，在柏林市周边以"区域自然公园"的名义投资建设了一个总面积达 2866 平方公里的远郊区，其中 60 万人相对集中在 138 个小城镇居住和工作，大大缓解了柏林市面临的各种压力。

　　德国还通过行政区合并，促进劳动力的就地城镇化。随着城市经济实力的提升和辐射作用的增强，德国政府把大城市周围的小镇和农村合并到城市，使原来的农村变成城市的郊区，或者城市的一部分。虽然农村的地理位置没有改变，但是却使农村生产方式和生活方式城镇化了。据统计，在 1875—1905 年，在普鲁士 85 个城市的新增人口中，54.6% 源于外部流入的人口，31% 源于城市居民的自然增长，14.4% 来自行政区的合并。通过行政区合并，一方面增加了城市人口，扩大了城市范围；另一方面又促使城市附近的农业劳动力就地转移,加速了城镇化进程。

德国的城镇规划具有法定性、长期性和稳定性,不仅强调功能完整、布局合理,而且对于交通、通信、排污等公共设施建设坚持长远性原则,避免重度建设,并留有充分的发展余地,将今后需要重建、扩建的项目也纳入规划的考虑之中。德国城市规划的另一个特点是,其制定过程逐渐由政府主导转向市民参与,表现在"地方政府+专家+公众参与"的"三结合"上。在市级的城市规划特别是控制性详细规划的制定过程中,都有市民的广泛参与。在编制控制性详细规划中,市政府要向市民公示,广泛听取市民意见,对市民提出的意见和建议,市政府或者规划局必须给出书面的答复,要向市民逐条解释说明。因此,市民对自己的城市特别是居住地附近的规划要求非常了解,有利于形成共建共管的良好氛围。

(5)完善的基础设施建设和发达的公共交通系统

德国的公共基础设施建设较为健全,城乡之间的差别并不明显。在德国,推进乡村城镇化主要是提高乡村地区基础设施的水平,而非把人口高度集中到已有的城镇中去。私人汽车、公交系统(白天和夜间、城区和城郊以及专线)、河海航运、铁路(地区铁路和洲际快车)和区间廉价航空构成了较为完备的交通运输系统,为城镇化的迅速推进做出了极大贡献。为缓解城镇内部交通压力,德国的公共交通网络已经覆盖几乎每一个城镇。尽管德国的道路不是很宽,但是由于良好的交通管理和较高的民众素质,很少出现拥挤的情况。另外,为适应大量的机动车出行,德国还配建了大量户外及室内停车场(位)。给水系统明确地分为饮用水和生活用水,市政用水和中水系统,热水则是保证每家入户,排水均为分流集中处理,中水的使用率极高。电力的来源则是多样的,取决于地区的条件,包括水电、风力发电、太阳能发电等。垃圾也充分实现了分类收集处理。

(6)注重生态保护和可持续发展

德国属于温带大陆性气候,雨量充沛,光照充足,天然森林、草坪形成了基础的生态环境。同时,由于历史传统和人文素质,德国国民对生态建设、环境保护的意识较强。近年来,德国政府每四年颁布一轮生态建设计划,实行指令性管制。在小城镇建设中将环境保护作为重要因素优先考虑,坚决杜绝以牺牲环境为代价来发展经济,在《联邦建设法典》中,环境保护制约着建设的全过程,而且政府规定,任何建设项目都要保证绿地总量的平衡。同时,林业在德国环境政策中被列在最优先的地位。在世界林业发达国家中,德国是林业法律法规最健全的国家。在德国,未经允许砍伐树木是非法的。2000 年,德国国土的森林覆盖率达到了 30.7%。

德国地处欧洲大陆中北部地区,虽然水资源、林木资源以及其他矿产资源比较丰富,但是联邦 1987 年颁布的《联邦建设法典》,追求的是整个社会的可持续发展,对于环境保护和能源的节约利用都有着严格的规定。例如,大力提倡木结构建筑等可再生资源以及其他诸如膜结构等新结构、新材料的使用;鼓励太阳能、风能和生物能等新型能源的利用;注重对老建筑的改造和再利用等。在德国,解决城市交通问题的首选方案是减少私人车辆的出行,增加私人车辆出行的相对限制,提高全民节能减排的意识,而非依靠修建更多更宽的道路。德国对于能源的节约利用是建立在财富积累之上的,是当前社会首要的目标,德国的民众有普遍的认识,那就是能源才是最大的财富。以位于德国巴登—符腾堡州布赖施高县的小城市弗莱堡为例,虽然其仅有 20 万人口,却在德国拥有很高的影响——它是公认的德国环境之都和太阳能之都,是世界环境科学和太阳能研究的中心之一。弗莱堡市民私家车拥有量非常低,街上公交车的数量是私家车的 15 倍,拥堵、污染等城市病也离这座城市非常遥远。目前,弗莱堡所有的大城区均通有有轨电车,65% 的市民居住在有轨电车沿线附近,2008 年的乘客突破 7000 万人次。

(7)以科学技术推助城镇化

与其他国家不同的是,德国在应用先进科学技术助推城镇化健康发展方面形成了鲜明的特色。这主要是由于在德国的工业化和城镇化发展过程中,工业革命逐渐走向成熟,而德国主导第二次工业革命,不少新技术得到了广泛应用,如早期非常昂贵的蒸汽机等得到了更廉价的使用,生产效率极大地提高,同时人们对居住环境也产生了更高的要求。1865 年柏林出现有轨马车,1877 年卡塞尔出现蒸汽式有轨电车,1891 年哈勒第一个实现街车电气化线路,这是全球第一个现代化公共交通系统的率先应用。在这一时期,小汽车虽然已经发明但尚未得到普及使用,而高速、可靠和大运量、低运费的公共交通系统则率先建立起来,这就为城镇空间的有机疏散和城市区域的发展创造了有利条件。在这一时期,德国的大城市人口虽然增长很快,但却并没有像伦敦那样走向恶性通货膨胀,其十分重要的一个原因就在于此。

德国早在 19 世纪就非常注重科学研究与技术创新,每年在研究与开发上都给予了很多财政支持,1900 年德国最大的 6 家化学公司,雇用了各类科学家 650 人,而同期英国化学工业的前 6 大企业才雇佣不到 40 名科学家。

(8)注重人口的社会融合

人是经济社会发展的主体,发展是为了人。德国在城镇化建设中注重保护人的基本权利,培育城市和谐稳定的内在动力。一方面,统一而健全的社会保障体系为城镇化降低了门槛,社会上没有明显的农工城乡差别,可以说农民享有一切城市居民的权利,如选举、教育、就业、迁徙、社会保障等方面的平等权利。另一方面,积极做好外来移民的社会融合工作,20 世纪 90 年代末以来,德国政府逐步完善了移民政策理念,颁布实施了一系列法律文件和融入促进措施,特别是在 2005 年生效的移民法中增加了移民参加融合课程的义务,要求各级政府、社会团体广泛参与,为移民提供融合机会,这些政策措施促进了外来移民融入社区、融入城市、融入国家,目前德国有外来移民 672 万,有移民背景的人有 1556 万。

(9)德国地方政府融资以银行贷款为主

从前述分析可知,德国在城镇化进程中主要采取了银行贷款为主的地方融资模式。这与其以银行体系为主导的金融市场体系是分不开的,但德国意识到其以银行为主的融资体系,存在加大债务风险的隐患,因而正在积极向地方政府债券融资模式转变,并且转变速度较快。

5.3.2　地方政府融资在德国城镇化过程中的作用

首先,地方政府融资支持了德国城乡基础设施的建设,从而奠定了当前德国中小城市协调发展、城乡差距小的均衡城镇化格局的基础。我们看到,德国城镇化与美、日的显著差距在于人口没有过度向大城市集聚,未形成"摊煎饼"式的城镇化格局,也就没有产生严重的"城市病",德国大、中、小城市协调发展,中小城镇和乡村不仅环境优美,而且基础设施完善,生活便利,这与地方政府的大力投资是分不开的,德国政府支出主要就是以社会服务和基础设施建设为主导的。

其次,地方政府融资支持了德国发达的公共交通系统建设,奠定了德国多级城镇化和生态城镇化的基础,德国城镇化与美国的一大区别是美国以公路和小汽车为主的私人交通为主导,从而造成了资源能源的极大浪费和环境污染的加剧;而德国则以发达的公共交通系统为主导,这种大运量、低运费的公共交通系统不仅节能环保,而且保障了城市空间的有机疏散和城市区域的发展,这对于保证德国在城市人口增长之时却没有产生像伦敦、东京等特大城市的恶性膨胀具有重要意义。

再次,地方政府融资为解决城镇化进程的住房、社会保障等问题,保障城镇化进程的顺利、和谐推进提供了大力支持,德鲁克曾经在谈到社会保障制度的产生时说:"多数人的答案可以追溯到 100 多年以前,追溯到 19 世纪 80 年代,当时俾斯麦掌权的德国第一次向福利国家迈出了蹒跚的步子。"德国的社会救济、社会保险、公共教育、公共卫生等作为公共政策的重点,确保了城镇化进程中迁移人口和新就业人口的基本公共服务供给。同时,政府投资进行历史文化和古老建筑的保护和修复,才使得我们今天看到的德国到处保有浓厚的历史人文气息,而没有在城镇化的洪流中消失。

最后,地方政府融资为德国城镇化进程中的生态环境保护和可持续发展提供了资金支持。德国将环境保护贯穿到整个《联邦建设法典》,政府每四年颁布一轮生态建设计划,所有城市(城镇)都要保留一定数量的绿地,以及鼓励新能源、新材料、可再生资源的开发利用,从而成为世界各国可持续城镇化的典范,这与其地方政府融资的支持是分不开的。

5.3.3 德国模式存在的原因分析

德国采取多级城市群、大中小城市均衡发展的城镇化格局,以及以银行贷款为主的地方政府融资方式,是与其政治制度、财政体制、历史发展和金融市场发展等因素密切相关的。

从政治体制来看,在德意志帝国建立之前,德国长期处于政治割据局面的历史背景,17世纪末有300多个邦国,直到1815年德意志联邦成立之时,境内仍有38个邦国。这些邦国各自为政,形成各自的经济中心。这种特殊的政治历史原因使德国地方发展的观念长期占据主导地位,直接影响到现代区域发展的格局,决定了分散化的城市发展的基调,使得德国的城镇化比较均匀地在全国铺开。联邦德国成立后,采取了较松散的联邦制形式,其政治制度是分权的体制,宪法逐项列举了联邦的权力,没有列举的均由各州行使,州与联邦之间有并行立法权。地方政府则根据州议会的特许行使权力,各级政府之间的职责是明确的。各州拥有自己发展经济的规划和措施,促使他们形成各自的城市中心,带动地区经济的发展。这种高度自治的政治体制成为促使德国发展多极城市群的重要诱因之一。

从财政体制来看,德国实行三级管理的财政体制,各级政府都有自己独立的预算,分别对各自的议会负责。德国政府间的权责关系是明确的,联邦基本法、州宪法以及其他相关法律明确规定了联邦,州及州以下地方政府与自治机构在地方公共品供给过程的责任和权力。基本法第 104a 条第 1 款规定:"联邦政府和州政府承担履行他们任务的费用,如果基本法就是没有另外规定的话。"基本法第 128 条第 2 款规定:"必须保障地方政府在法律范围内自己负责处理当地的一切事宜。自治的保障还包括财政自主的法律依据;其中之一就是地方政府可以按照其经济实力有权自己调整杠杆税率的税收来源。"这种权责明确,相对独立的财政体制成为德国地方政府债券迅速发展的基础和前提。

从历史因素来看,德国是两次世界大战的发起国,又是两次战败国。第二次世界大战结束时,苏、美、英、法,分割占领德国领土。当时,国际、国内都有强烈的反军国主义情绪,特别是国际社会,要防止德国"死灰复燃"的呼声异常强烈。在这样的国际国内政治背景下,德国选择了分散化、以发展地方中心城市为主的方式,最典型的是把国家的职能也分散到若干地方城市,难以形成统一中心。

从金融市场来看,德国证券市场最大的特点是,与其雄厚的经济实力相比,证券市场的发展程度不发达,也不成熟;参与证券市场活动的主要是大型企业,中小企业很少参与;专业投资者也不够活跃。德国银行体系在德国金融市场中处于核心地位,德国银行体系乃至全德金融体系的典型特征是占统治地位的"全能银行",其既可以经营存放款业务,又可以经营证券业务。这种特殊的银行体制造成了证券市场的不发达,德国没有专门的证券从业者,银行一手承揽一切证券业务,使德国证券流通市场处于大银行的直接控制之下,形成"银行交易所"局面,大大削弱了证券交易所的地位,同时德国缺乏像美国市场上那样众多的专业投资者,最大的专业投资者为保险公司,而其他的如互助基金等专业投资机构却很少。

德国证券市场的欠发达,使得德国的企业自有资金占其所需资金来源的比例持续下降,对银行贷款依赖性日益提高,这不仅给企业的自主经营带来威胁,也使得银行承受的风险越来越大,从而使德国经济处于一种非常不稳定的状态。20 世纪 80 年代以来,德国政府逐渐解除了对证券市场的种种限制,制定了一系列措施,鼓励欧洲债券市场发展,放宽对以马克计价的欧洲债券的限制,积极发展法兰克福证券市场,这才使得证券市场的规模逐步扩大起来。证券市场发展较晚决定了德国地方政府融资在早期严重依赖银行贷款,直到 1991 年以来,地方政府债券融资才在州政府融资中占据越来越重要的地位。

从人口地理因素来看,德国地处西欧,国土面积 35.70 平方公里,陆地面积 34.86 平方公里,人口 8179.77 万(2011 年),人口密度 234.67 人/平方公里,属于欧洲人口比较稠密的国家。德国自然资源较为贫乏,除硬煤、褐煤和盐的储量丰富外,在原料供应和能源方面很大程度上依赖进口,2/3 的初级能源需进口。

同样是地少人多,德国却没有像日本一样走以大城市为中心的高度集中型城镇化道路,关键在于二者政治财政体制的巨大差异。而德国自然资源的匮乏也成为促使其在城镇化过程中加倍注重资源能源节约和可持续发展的重要动力。

5.3.4 德国模式总结

德国的城镇化模式特色鲜明,而且其经验十分值得借鉴和学习,由于邦国林立的历史原因、松散联邦的政治制度和独立自治的财政体制,德国选择了分散化的均衡式城镇化模式,以各自的特色产业为支撑的多极城市群和发达的公共交通体系有效地避免了"大城市病"问题,完善的乡村基础设施和公共服务设施的建设大大缩小了城乡差距,对生态环境的保护和可持续发展的密切关注使得德国的城镇绿地环绕、环境优美、人文深厚,是令人向往的宜居之地及旅游胜地。同时,德国对于运用先进科学技术解决城镇化过程中的难题的做法让我们看到了在推进城镇化进程的同时避免陷入城市病模式的希望。

由于德国较为特殊的金融体制,其以全能型银行为核心的金融市场,导致证券市场迟迟没有发展繁荣起来,因而德国城镇化进程中主要依靠银行贷款来为地方政府融资,直到近 20 年来,由于政策鼓励等原因证券市场不断壮大,地方政府债券开始超过银行贷款成为州政府融资的重要方式。

5.4　国外城镇化及地方政府融资的比较分析

5.4.1　国外城镇化及地方政府融资的比较分析

1. 国外城镇化发展道路比较分析

从国外城市化的发展历程看,城市化是各国经济发展过程中的必然产物。按照美国城市地理学家诺瑟姆提出的城市化发展的一般规律,一个国家或地区的城市化过程大致可分为三个阶段:在工业化初期,一国处在城市化的起步乃至缓慢发展阶段,城市化水平较低,一般仅为 30％左右;在工业化中期或扩张期,一国的城市化水平会迅速提高至 60％,并以较快的速度向 70％攀升,此时可以认为该国基本上实现了城市化;在工业化后期或成熟期,一国的城市化水平会达到 70％以上,但增长速度趋缓甚至出现停滞,表明城市化进入了稳定发展阶段。

目前,发达经济体都已进入城市化的高度发达时期,城市化率均高于 70％,而发展中国家的城市化进程却各不相同。由于世界各国的城市化起步时间、经济发展状况以及国家制度安排等的不同,造成了不同经济体、不同国家之间的城市化道路及城市化发展水平的显著差异,因而不仅发达经济体与发展中国家之间在城市化过程中出现的问题大相径庭,而且发展中国家之间的城市化速度、城市化质量也存在明显差异。这些差异特征大致可归纳为以下几个方面:首先,从城市化的发展规律看,无论是发达经济体还是发展中国家的城市化,总体上来说都可以看作工业化的产物,而城市的人口集聚为工业化提供了丰富的劳动力资源,同时城市的规模经济和规模效益又进一步强化了人口集聚作用。另一方面,从城市化与工业化的相互发展水平看,又可将城市化状况分成同步城市化、超前城市化与滞后城市化三种模式。若从美、日、德三国的城市化道路看,发达经济体的城市化与工业化的发展基本同步;然而,许多发展中国家,如我国的城市化道路却大相径庭。其次,从城市化的发展模式看,发达经济体主要依靠民间力量与市场机制,通过要素资源的自由流动来实现城市化,同时也重视政府的规划和调控功能,走出了一条以市场为主导、政府为辅助的城市化道路。尽管政府在城市化进程中发挥着举足轻重、不可替代的作用,但其作用始终被限制在市场经济的"守夜人"角色上。相比之下,多数发展中国家的城市化主要依靠政府的政策主导,政府"有形之手"的干预力度及干预范围已完全脱离市场主导的轨道,从而极易导致"市场失灵"和"政府失灵"同时存在。这也是发展中国家与发达经济体的城市化道路最主要的区别。再则,从城市化的空间布局看,发达经济体的大中小城市基本协调发展,并通过集中与分散相结合的发展方式,形成特定的城市网、城市圈及城市带。而发展中国家多以集中型为主,城市人口过度集中于少数的大城市及特大城市。最后,从城市化的发展效果看,发达经济体因注重城乡统筹发展,城乡关系由不协调逐步走向协调,城乡差别从先扩大到后缩小以至基本消失。而多数发展中国家在城市化过程中片面强调城市的扩张而忽略农村的发展,造成城乡差距扩大,二元结构显著,并导致大量农村人口涌向城市。由于缺乏科学的城市规划,城市建设和管理相对滞后,因而"城市病"问题变得更加严峻。

2. 国外地方政府融资比较分析

(1)国外地方政府融资模式的主要特点

a. 地方政府债务融资工具多元化。美国虽然以市政债券为地方政府的主要融资手段,同时也出现了工业收入债券、住房债券、特种债券等其他新品种债券来满足不同时期地方政府融资的需求。澳大利亚还利用在国际债券使用发行欧洲中期债券和票据等手段为地方政府融资。

b. 不同层级的地方政府融资方式有所不同。一般情况下,州政府或省政府由于其自身有较高信用评级、融资规模大、融资成本低,倾向于直接选择债券融资;而州以下的地方政府,由于财政实力有限、信用评级较低、债券融资成本较高,因此更倾向于借助州政府的信用和平台,发行集合债券,然后转贷地方政府。

c. 地方政府融资自主权相对扩大。例如,美国的地方政府债务管理经验反映出政府举债权的下放,地方政府根据自身的融资需求自主决策,上级政府只做规则控制和出现债务违规或债务危机时的干预权。

d. 地方政府债券投资者多元化。美国市政债的投资者主要是美国境内投资者,而且以个人投资者为主体,其次是基金和银行机构等,个人投资者主要采取持有到期的投资策略的方式,因此市政债券的换手率虽然相比联邦政府债券市场较低,但比全球地方政府债券的市场流动性仍较高。

e. 地方政府债券纳入资本预算统一管理。美国地方政府融资不纳入经常性预算赤字,只在资本预算中进行资产负债管理。优点是能够使债券资金在预算中公开透明管理,同时不"挤占"政府的赤字空间。

(2)国外地方政府融资比较分析

从国内外地方政府融资的渠道和方式来看,主要有财政拨款、债务性融资、资产(资源)融资和权益性融资等几大类融资方式。目前情况看,国际上对银行借款、市政债券、项目融资三种融资模式的应用最为广泛。

由于各国的金融体系不同,资本市场和信贷市场的发展侧重点与发育程度存在差异,各国基本都选择本国最流行的举债方式。在欧洲,银行借款是地方政府举债的主要资金来源,而美国、日本等则形成了以市政债券为主导的地方政府信贷市场。在银行借款占比较大的国家中,有的国家存在着专门的银行来负责为地方政府提供资金,而有些国家通常会有1～2家银行占据地方政府信贷举债市场的主导地位。银行借款程序相对简单,地方政府仅需要提供必要信息,但该方式成本较高,银行对地方政府的监督有限,所以管理上会存在漏洞。专业开发银行就是筹集基础设施项目资金的一个重要渠道,欧洲各国的城市基础设施开发银行的资金来自合同性储蓄机构,而在日本,开发银行的资金来源则是邮政储蓄和部分养老金基金等。

市政债券融资方式作为目前国内外地方政府融资的热点,利用其为城市基础设施建设融资的优势日益明显。世界上越来越多的国家和地方政府已经认识到市政债券是一种极吸引人的机制,能够满足他们的融资需求。例如,美国地方政府收入主要来自使用者收费、财产税及市政债券的发行收入,由于预算不足,资金缺口很大,美国地方政府主要通过发行市政债券募集社会资金,主要通过债券银行,把众多的小型贷款组合成一定规模,使其满足当地信用市场并易于销售,不仅具有规模效应,降低成本,还能为增信措施的应用提供依据。我国资本市场欠缺,因此建立市政债券市场存在必要性和可行性。市场债券融资作为国际上基础设施融资的重要途径之一,能为有巨大资金需求的城市基础设施建设开辟新的融资渠道。

项目融资方式是私营机构(民营经济)参与公共基础设施项目建设、向社会提供公共服务,并以项目资源的未来收益或资产转让价值收回私营机构的投资成本与合理利润,从而达到政府为地方公共基础设施项目建设融资的目的。除了以上介绍的融资方式外,股权融资、土地融资、资产证券化、跨国借贷等都是地方政府融资的多元化渠道。

从国际上看,政府投资一般限定在公益性事业和基础性产业,基本不进入竞争性产业,而且随着经济发展和产业结构的变化而不断调整其投资领域。

如前文所述,就我国而言,在地方政府自主发债权限获批之前,我国地方政府一般通过土地财政及地方政府融资平台融资。目前,地方政府获取资金主要通过以下几种方式。(1)规范的直接融资,主要是中央政府规定的国外贷款、国际金融组织贷款、国债转贷等。(2)通过融资平台融资。(3)通过卖地获得资金。目前,国家保障房建设的力度不断加大,房产调控政策日益严厉,土地财政很难保证其持续性。由于缺乏统筹规范的管理,地方政府债务融资存在极大的风险隐患。

5.4.2 国外城镇化及地方政府融资历程对我国的借鉴

(1)寻找具有中国特色的"新型城镇化"发展的战略取向

第一,选择以城市群为载体的大中小城市和小城镇协调发展的城镇化道路。鉴于我国地域辽阔,自然条件及资源禀赋的区域差异显著,我国的城镇化道路既要遵循城市发展的客观规律,又要充分考虑不同规模和类型城镇的地区承载能力,构建科学合理的城市格局。因此,我国在城镇化建设过程中,需要发挥东、中、西部各区域中心城市的集聚功能与辐射作用,逐步形成以特大城市和大城市为核心、各级城市及城镇协调发展的城市群和都市圈,实现以城市群带动城镇化的跨越发展。这样才能走出中国特色的"新型城镇化"道路。

第二,形成市场机制与政府推动共同作用的动力机制。以政府为主导的城镇化推进方式,能够集中大量的资本、人力和物力,调动多方面资源,在短时间内实现城镇化的发展目标。然而这种组织方式虽然在发展初期有其相对优势,但随着城镇化的深入推进,城镇化持续发展的动力不足等问题会逐渐凸显。因此,在未来的城镇化过程中我国应当借鉴海外发达经济体政府推动城市化发展的成功经验与做法,即以市场机制为基础,同时注重发挥政府的引导作用,通过政府规划引导城市化健康发展,实现城乡一体化的发展目标。为此,一方面,政府要加快职能和角色的转变,尽快从城镇化的"主角"地位上退出来,将主要工作放在制度建设、法律保障和经济社会服务方面上来;另一方面,市场应该在未来城镇化过程中充当真正的"主角",让市场机制在资源配置方面发挥决定性的作用,以实现城镇经济社会的最优效应。

第三,构建以人为本的"新型城镇化"发展战略。城镇化的核心是农民转移就业,转变身份。城镇化不能以牺牲农村为代价,让城市繁荣起来、让农村萧条下去只会加剧城乡差距和不平等,贫穷落后的农村也只能阻碍城镇化的发展。必须坚持"两条腿"走路。一方面,要继续坚定不移地推进城镇化,适时适度地转移农村人口,缓解农村的资源压力,提高农业劳动生产率。另一方面,也必须把农村建设好、发展好,逐步消除城乡经济社会发展机会的不平等现象,使农村发展与城镇化在相互协调中共同进步,最终达到城乡一体化。在这个过程中,就业是前提,市民化是结果,无视这个逻辑,便会在城镇化的道路上迷失。而解决这些问题的最大障碍在于制度问题,包括劳动就业制度、户籍制度、土地管理制度、社会福利保障制度、教育制度、城市建设和管理制度等。其中,改革户籍制度及土地管理制度更为迫切,难度也更大。一方面,城市户口尤其是大城市户口蕴藏着巨大的教育、医疗、社会保障等方面的福利,在阻碍劳动力人口流动迁移的户籍制度尚未破局和公共服务投入没有大幅增加情况下,很难实现真正意义上的"人的城镇化";另一方面,不改变现行土地管理制度,切断地方政府卖地生财的动力机制,"人的城镇化"也永远赶不上"土地城镇化"。

第四,依托产业支撑,建立基础牢固的城镇化的实质是由产业集聚所引致的人口、资本、技术、管理等生产要素向城镇的集中,因此,产业集聚在城镇化过程中起着至关重要的作用。只有产业发展到一定程度,才可以吸纳大量劳动力,才会吸引人口在城市的集聚,才能推进城镇化。可以说,没有产业支撑的城镇化,没有工业化基础的城镇化,就是"泡沫城镇化""过度城镇化",其实质对于现代化没有任何意义。在三大产业当中,由于农业依靠土地的投入而不具有集聚性,工业生产因占用土地少、规模经济大,因而具有较高的聚集经济特征,服务业等第三产业则具有低集聚性高城镇化的特征,因此城镇化发展的后续拉动力主要来自于第三产业。第三产业是一种高度劳动密集型产业,就业容量大、投资少、见效快。第三产业通过为工业和城市提供服务和基础设施,增强城市的吸引力,为城镇化提供动力;而且第三产业通过其较高的就业弹性推动城镇化发展。如果说工业化发展所带来的是城镇化外延式量的扩张即城镇规模的扩大和城市数量的增多的话,那么第三产业发展所带来的则是城镇化内涵型质的发展即城镇软硬件设施的完善、城镇功能的健全和人民生活水平的提高。因此,我国各个地方要根据自身的资源禀赋,以加快转变经济发展方式为契机,坚持先进引领、优势支撑、传统提升、新兴转型、特色取胜,构建起现代产业体系,打造产业竞争优势,以增强新型城镇化的发展动力。

第五,以多元化金融服务支持"新型城镇化"发展。"新型城镇化"发展对金融服务有着独特的需求。目前我国以间接融资为主的融资结构难以适应以长期资金需求为特征的"新型城镇化"发展。同时,我国城镇化水平还存在着空间上的不平衡,主要表现在规模层面及区域层面。从规模层面看,大城市建设速度快、水平高、资金充裕,而中小城镇建设推动速度缓慢、层次相对较低、资金相对匮乏。从区域层面看,我国城镇化呈现出"东高西低"的阶梯状格局。因此,应大力发展适合中西部地区中小城镇建设的中长期直接融资工具,同时大力发展私募股权基金和风险投资基金,让私募与风投等权益性资本成为推动中小城镇建设的重要融资平台。同时,在涉及城镇化的城市基础设施和公用设施方面,可以借鉴国际上常用的金融创新工具,如资产证券化、市政债等,形成多元化的融资渠道。

(2)国际经验对"新型城镇化下"中国地方政府融资的启示

第一,创新项目融资模式,拓宽融资渠道。地方政府承担了城市的主要基础设施建设,但在基础设施建设领域民营资本的进入受到了一定的约束,而基础设施的建设往往又具有超前性,不能等到经济发展起来以后再筹资建设,因此通过引入 PPP 等融资模式,利用民营企业在人员、资金、管理及技术设备方面的优势,来实施基础设施项目建设。也可以培育银行或其他金融机构,采取发行债券、短期融资券等提高直接融资比重,扩大地方政府融资渠道,降低融资风险。

第二,赋予地方政府发债权,允许地方政府自主发债,将有效降低地方政府流动性风险及融资成本。完善的地方债券制度是发达的市场经济国家的重要制度之一,虽然允许地方政府自主发债需要一系列的制度建设,需要一系列政策措施的协同与配合,是一个漫长的过程,但应该是未来的一个发展方向。目前,国家允许部分地区自行发债只是将发债的形式操作下放给地方,本质上还是中央财政担保的,但也为未来地方政府自主发债积累了经验。

对中国来说,虽然短期还不能解决市政债发行中的融资和偿还中的代际平衡问题,但市政债能够降低高成本非标融资比重,在减轻中央财政的负担的同时,可以重新匹配地方政府事权和财权,培育地方税体系,也有利于改革财政预算体制,增强地方政府负债的制衡监督机制和地方财政收支的透明度。因此,开辟市政债券市场并加大相关制度建设是长期城市化所必需的金融基础要素。

第三,加强地方政府债券市场化建设。目前,我国的地方政府债券持有者主要是商业银行,占比达 70% 以上,其次是政策性银行,券商和基金占比较低。可见,我国的地方债投资者高度集中,债券资金主要留在商业银行体系,不利于分散地方政府债券的市场风险。应进一步扩大培育多元化市场投资主体,通过税收优惠等政策,鼓励保险公司、基金、社保理事会等长期机构投资者将地方政府债券作为低风险金融产品进行认购,增加个人投资者的投资优惠。在推进人民币国际化的进程中,可以发展地方政府债券的合格境外机构投资者进行配置。此外,为了吸引更多投资者,可以探索构建地方政府债券衍生品市场,丰富债券品种,便于投资者进行套期保值和信用风险管理。

第四,构建更为有约束力的地方政府债务危机处置机制。我国当前的债券置换机制仍缺乏强有力的约束机制,存在较大的道德风险。在这方面,可以在借鉴美国地方政府破产制度的基础上考虑建立我国地方政府的破产机制。美国政府通过严格规范的破产程序及法律制度来应对地方政府债务危机。美国联邦《破产法》第九章,充分考虑了对地方政府的救济以及破产过程中为债权人、债务人提供有效的参与方式。破产法要求保全债权人利益,并且使地方政府在减轻债务的同时,能够正常提供公共服务。意在一方面通过法律框架下的破产申请保护制度,保证处于债务危机下的地方政府公共服务的正常提供;另一方面,建立更具规范力和约束力的地方政府债务重组机制,斩断中央政府对地方政府的隐性担保和救助,降低道德风险,提升地方政府的自我约束力。此外,还应该在市场层面建立一套有效的应急处理机制,一旦发生违约风险,应由规定组织,及时展开市场自救,通过采取债务重组、与债权人协商、提前到期、资产保全等措施,来保护投资者权益,维持市场信心,防止风险的扩散。

第五,通过深化预算改革,将地方政府经常性预算和资本性预算分账处理。我国可以考虑借鉴美国经验,将地方政府经常性预算和资本预算分账处理,经常性预算实行现收现付制的会计制度,资本性预算实行权责发生制的会计制度。相应的,也应该将地方政府债务融资纳入资本预算,即无论一般债券还是专项债券均纳入资本预算管理,与经常性预算分账处理,以便列收列支,单独考核,助于将资本项目融资更加清晰地排除在财政赤字统计口径之外。

第六,适当引入社会资本参与新型城镇化建设。新型城镇化建设过程的很多项目带有一定的盈利性,可以通过公私合作的方式适当引入民间资本参与建设,从而扩大民间资本的投资空间和投资机会,提高公共投资的效率和公共投资的治理水平,也能够减轻政府在这方面的公共投资压力和后续运营的低效率。为此，必须认真贯彻《国务院关于鼓励和引导民间投资健康发展的若干意见》文件的精神，创新改革投融资体制，打通社会资本进入渠道。

第6章 新型城镇化地方 财政缺口测算

党的十八大提出:"坚持走中国特色新型工业化、信息化、城镇化、农业现代化道路,推动信息化和工业化深度融合、工业化和城镇化良性互动、城镇化和农业现代化相互协调,促进工业化、信息化、城镇化、农业现代化同步发展。"十九大报告进一步指出:"以城市群为主体,构建大中小城市和小城镇协调发展的城镇格局,加快农业转移人口市民化。"2014年3月,国务院发布了《国家新型城镇化规划(2014—2020年)》,明确了未来新型城镇化的发展路径、主要目标和战略任务,以此作为指导,各省市自治区相继发布了地方级的新型城镇化规划,分析了各地方城镇化现状,并因地制宜提出了各自的发展目标。

但是,要实现这个目标,必然会对地方的城市基础设施和基本公共服务的承载力提出更高的要求,这也就形成了巨大的资金需求。如果地方政府现有的财政收入无法满足新型城镇化所需资金的话,就必然会形成财政支出缺口。如何科学地预测这个资金缺口的大小,进而利用合理的方法弥补这个资金缺口,对于有序推进新型城镇化的进程、控制地方政府债务规模、防范地方财政风险等方面都具有十分重要的现实意义。

6.1 测算时间范围

根据《国家新型城镇化规划(2014—2020年)》以及各地发布的新型城镇化发展规划可知,结束期都是2020年。因此,本部分的测算是以2017年为基期,测算范围是从2018年到2020年。

6.2 样本的选择

本部分研究的是地方财政由新型城镇化所造成的缺口,因此样本的选择应该倾向于微观层面,但考虑到县级以下地方财政数据和各项公共服务的数据很难获得,所以研究范围确定在地级市。我们根据区域位置、经济发展状况、城镇化进程以及数据的可获得性等因素,选取了山东省、山西省、湖南省、江苏省、吉林省和重庆市6个省市作为样本范围,研究其所辖范围内的地级市可能由新型城镇化所造成的资金缺口(其中,重庆市以整体作为测算对象)。

6.3 新型城镇化成本的构成

农村人口被转化为城镇人口,不仅是名义上身份的转变,更意味着对于城镇所提供的公共服务的平等享受。地方政府要实现其制定的新型城镇化目标,就要求政府要为新转化的城镇人口提供充足的公共服务,包括农民工随迁子女的教育支出、医疗保障支出、养老保险支出、民政部门的其他社会保障支出、社会费用支出、保障性住房支出、公共安全支出以及环境保护支出等,这些都构成了新型城镇化的成本。这些成本在政府的财政支出中分别体现为一般公共服务支出、公共安全支出、教育支出、文化体育与传媒支出、社会保障和就业支出、医疗卫生支出、环保支出和住房保障支出。

6.4 新增城镇人口规模的测算

人口的统计口径分为常住人口数量和户籍人口数量两种,其中户籍人口的城镇化率是低于常住人口城镇化率的,现阶段,大量没有户籍的进城务工人员无法享受与城镇户籍居民相同的教育、医疗卫生、养老、住房保障等基本公共服务,这与新型城镇化的要求相差甚远,新型城镇化的核心是人的城镇化,因此,为确保所有城镇人口可以平等的享受公共服务,本部分的测算以常住人口为统计口径。

根据 2014 年到 2017 年的常住人口总数的变化趋势,可以得到各地方在最近 4 年内的人口平均增长率,假设一直到 2020 年,每年依然按照这个平均比率增长,就可以测算未来几年的常住人口总数(见表 6-1)。为测算方便,再假设未来每年的城镇化率都是按照相同的比例增加,那么根据 2017 年的常住人口城镇化率与 2020 年的目标(见表 6-2)之间的差距,就可以得到每年需要增加的城镇化率,进而可以测算每年新增的常住城镇人口的数量(见表 6-3)。

6.5　新型城镇化成本的测算方法

本部分在新型城镇化成本的测算方面借鉴的是成涛林(2015)提出的测算方法。

(1)基本公共服务经常性支出增量。将地方公共财政支出决算表中符合测量口径的基本公共服务支出总量分摊到每个人,得出每人每年约需要基本公共服务方面的经常性支出平均数,再考虑物价上涨、基本公共服务标准提高等因素,假定人均基本公共服务支出每年以相同的比例递增,计算出基本公共服务经常性支出增量。

(2)公共服务设施投入支出增量。根据《国家新型城镇化规划(2014—2020 年)》,对学校、医疗卫生机构、保障性住房、城市公共交通四类公共服务设施建设进行增量测算。

表 6-1　六省市 2018—2020 年常住人口规模预测表（万人）

城市	2018年	2019年	2020年	城市	2018年	2019年	2020年	城市	2018年	2019年	2020年
山东省	10079.04	10152.79	10227.07	苏州市	1071.03	1073.70	1076.38	怀化市	499.04	502.09	505.17
济南市	740.80	749.58	758.46	泰州市	465.63	466.08	466.52	娄底市	393.95	396.16	398.38
青岛市	937.34	945.71	954.15	无锡市	657.07	658.85	660.63	邵阳市	743.43	748.91	754.42
滨州市	393.69	396.16	398.66	宿迁市	493.86	496.28	498.71	湘潭市	286.51	287.83	289.15
德州市	582.64	585.71	588.80	徐州市	880.90	885.48	890.08	湘西土家族自治区	264.41	265.01	265.61
东营市	217.34	219.24	221.16	盐城市	734.75	745.43	756.27	益阳市	439.23	439.25	439.28
菏泽市	883.77	894.06	904.48	扬州市	451.83	452.85	453.87	永州市	551.09	554.23	557.39
济宁市	842.17	846.78	851.41	镇江市	319.13	319.63	320.13	岳阳市	578.01	582.73	587.49
莱芜市	138.64	139.69	140.75	吉林省	2705.89	2694.41	2682.97	张家界市	153.58	154.01	154.43
聊城市	610.78	615.16	619.58	长春市	747.04	745.19	743.35	株洲市	404.19	406.24	408.30
临沂市	1068.01	1079.80	1091.73	白城市	188.67	186.47	184.29	山西省	3720.65	3739.03	3757.51
日照市	307.01	310.37	313.77	白山市	117.85	115.83	113.84	太原市	440.70	443.44	446.20
泰安市	566.65	568.81	570.97								

续表

城市	2018年	2019年	2020年
威海市	283.11	283.66	284.21
潍坊市	940.20	944.11	948.04
烟台市	711.87	714.81	717.76
枣庄市	395.06	398.11	401.18
淄博市	474.00	477.17	480.37
江苏省	8052.52	8075.80	8099.15
南京市	837.50	841.53	845.57
常州市	472.44	473.16	473.87
淮安市	493.48	495.57	497.67
连云港市	454.09	456.34	458.61
南通市	730.73	730.97	731.20

城市	2018年	2019年	2020年
辽源市	116.68	115.44	114.20
吉林市	415.09	414.83	414.56
四平市	314.61	308.92	303.33
松原市	271.54	267.72	263.96
通化市	212.28	207.52	202.87
延边朝鲜族自治区	208.68	207.23	205.79
湖南省	6901.77	6943.58	6985.66
长沙市	813.15	835.07	857.58
常德市	584.97	585.45	585.92
郴州市	474.21	475.33	476.45
衡阳市	717.31	714.10	710.90

城市	2018年	2019年	2020年
吕梁市	390.11	392.34	394.58
朔州市	178.34	179.09	179.84
沂州市	317.99	319.29	320.60
大同市	345.94	347.65	349.37
晋城市	234.11	234.92	235.74
晋中市	338.08	339.61	341.15
临汾市	450.41	452.67	454.95
长治市	347.20	348.92	350.64
阳泉市	141.42	141.96	142.51
运城市	536.42	539.25	542.10
重庆市	3103.60	3132.30	3161.27

表 6-2 六省市 2017 年城镇化率与 2020 年城镇化目标

城市	2017 年城镇化率（%）	2020 年城镇化目标（%）	城市	2017 年城镇化率（%）	2020 年城镇化目标（%）
山东省	60.58	62.00	辽源市	38.56	57.00
济南市	70.52	73.00	吉林市	52.80	60.00
青岛市	72.57	75.00	四平市	39.42	60.00
滨州市	58.63	60.00	松原市	44.80	55.00
德州市	58.63	64.00	通化市	51.88	60.00
东营市	67.75	72.00	延边朝鲜族自治区	69.31	79.00
菏泽市	49.05	69.00			
济宁市	57.12	62.00	湖南省	54.62	58.00
莱芜市	62.58	67.00	长沙市	77.59	81.00
聊城市	50.34	70.00	常德市	51.63	60.00
临沂市	57.40	62.00	郴州市	48.16	58.00
日照市	47.20	63.00	衡阳市	52.46	56.00
泰安市	60.63	65.00	怀化市	46.15	55.00
威海市	66.46	70.00	娄底市	47.31	52.00
潍坊市	59.95	65.00	邵阳市	45.86	50.00
烟台市	63.66	70.00	湘潭市	62.03	75.00
枣庄市	57.32	63.00	湘西土家族自治区	44.97	60.00
淄博市	70.26	73.00	益阳市	50.12	60.00

续表

城市	2017年城镇化率(%)	2020年城镇化目标(%)	城市	2017年城镇化率(%)	2020年城镇化目标(%)
江苏省	68.76	72.00	永州市	46.33	55.00
南京市	82.29	83.00	岳阳市	57.21	60.00
常州市	71.80	75.00	张家界市	48.02	56.00
淮安市	61.25	65.00	株洲市	65.67	73.00
连云港市	61.70	68.00	山西省	57.34	60.00
南通市	66.03	70.00	太原市	84.70	86.00
苏州市	75.80	80.00	吕梁市	50.67	58.90
泰州市	64.93	66.00	朔州市	55.29	61.50
无锡市	76.00	77.00	忻州市	49.45	54.86
宿迁市	60.26	60.00	大同市	62.94	60.00
徐州市	63.76	68.00	晋城市	59.04	68.00
盐城市	62.90	65.00	晋中市	54.14	59.00
扬州市	66.05	70.00	临汾市	51.40	60.00
镇江市	70.50	73.00	长治市	52.94	63.00
吉林省	56.65	60.00	阳泉市	66.68	70.00
长春市	58.46	60.00	运城市	48.94	55.00
白城市	44.42	67.00	重庆市	64.08	70.00
白山市	74.38	85.00			

表6-3 六省市2018—2020年城镇常住人口增量预测表（万人）

城市	2018年	2019年	2020年	城市	2018年	2019年	2020年	城市	2018年	2019年	2020年
山东省	92.06	93.08	94.11	苏州市	17.02	17.10	17.18	怀化市	16.12	16.31	16.50
济南市	12.25	12.47	12.69	泰州市	1.95	1.96	1.96	娄底市	7.20	7.27	7.35
青岛市	13.61	13.80	13.99	无锡市	3.54	3.56	3.57	邵阳市	12.75	12.92	13.09
滨州市	3.24	3.27	3.31	宿迁市	1.03	1.03	1.03	湘潭市	13.20	13.32	13.44
德州市	12.23	12.34	12.47	徐州市	15.35	15.50	15.64	湘西土家族自治区	13.52	13.58	13.64
东营市	4.36	4.42	4.49	盐城市	11.77	12.01	12.26	益阳市	14.48	14.48	14.48
菏泽市	63.76	65.19	66.64	扬州市	6.62	6.65	6.68	永州市	13.91	14.05	14.21
济宁市	16.32	16.48	16.65	镇江市	3.01	3.02	3.03	岳阳市	8.06	8.17	8.28
莱芜市	2.70	2.73	2.77	吉林省	23.68	23.45	23.23	张家界市	4.29	4.31	4.33
聊城市	42.22	42.81	43.41	长春市	2.75	2.74	2.72	株洲市	11.22	11.33	11.43
临沂市	23.08	23.51	23.95	白城市	13.21	12.89	12.58	山西省	43.46	43.83	44.21
日照市	17.74	18.11	18.49	白山市	2.64	2.53	2.41	太原市	4.22	4.25	4.29
泰安市	9.56	9.62	9.69								

城市	2018 年	2019 年	2020 年	城市	2018 年	2019 年	2020 年	城市	2018 年	2019 年	2020 年
威海市	3.71	3.72	3.74	辽源市	6.69	6.54	6.39	吕梁市	11.82	11.95	12.08
潍坊市	18.16	18.31	18.45	吉林市	9.83	9.82	9.80	朔州市	4.10	4.13	4.17
烟台市	16.91	17.04	17.17	四平市	19.30	18.56	17.84	沂州市	6.38	6.43	6.48
枣庄市	9.22	9.34	9.47	松原市	7.50	7.26	7.03	大同市	6.91	6.97	7.03
淄博市	6.55	6.62	6.69	通化市	3.22	3.02	2.82	晋城市	0.45	0.45	0.45
				延边朝鲜族自治区	5.73	5.64	5.56	晋中市	7.43	7.50	7.56
江苏省	102.93	103.48	104.03	湖南省	100.48	101.56	102.65	临汾市	18.58	18.76	18.94
南京市	5.28	5.31	5.35	长沙市	25.80	26.74	27.72	长治市	9.08	9.16	9.25
常州市	5.55	5.57	5.58	常德市	16.57	16.59	16.62	阳泉市	1.52	1.53	1.54
淮安市	7.44	7.50	7.56	郴州市	16.09	16.17	16.24	运城市	12.21	12.33	12.45
连云港市	10.92	11.02	11.13	衡阳市	6.77	6.70	6.64				
南通市	9.83	9.83	9.84					重庆市	79.43	80.73	82.05

　　第一是由于城镇人口增长新建学校投资及经常性保障经费。根据生育率和适龄农民工人数测算新增教育人口,再按照幼儿园、小学、中学、高中现有相关配置标准测算新增中小学及幼儿园的建设资金,最后根据目前的师生比、人员公用经费配置标准及物价上涨、生均公用经费及教师工资水平提高等因素,测算出新建学校所带来的经常性经费增加。

　　第二是由于城镇人口增长,城镇医疗卫生设施建设新增的投资。利用人均医疗卫生机构床位数及增长率、每张床位的平均建设成本,测算由于城镇人口增加新建医院的成本以及由于人均床位数增加所需的投资额,两项相加。

　　第三是由于城镇人口增长,保障性住房及农民集中居住安置房新增的投资。《规划》提出,要对城镇低收入和中等偏下收入住房困难家庭实施租售并举,以租为主,提供保障性安居工程住房,满足基本住房需求。国务院也明确,实施保障性安居工程,地方政府是责任主体。根据平均每个家庭户的人口,以及保障性住房的覆盖率目标,测算出需要新建的保障性住房套数。再根据平均建设成本,测算出成本。

　　第四是由于城镇人口增长,导致城市公共交通新增投资。城市公共交通事关城市居民安全出行。由于城镇人口的增加,随之带来对城市公共交通的需求将会增加。城市公共交通包括公交车、轨道交通、出租车、有轨电车、公共自行车等多种形式。对于绝大多数城市,公交车是主要公共交通形式,因此根据人均拥有公交车的辆数和公交车的市场购置价格,可以测算新增公共交通成本。

　　(3)城镇基础设施建设新增投资。城镇基础设施是城镇居民生活和生产所必须具备的基础载体,包括城市道路、公共绿地、供水供气设施、污水和垃圾处理系统等工程设施。《规划》提出,要建设安全、高效、便利的生活服务和市政公共设施网络体系,加强城镇污水处理及再生利用设施建设,提高城镇生活垃圾无害化处理能力。随着基本道路、桥梁等设施的完善以及新型城镇化的推进,大量人口进入城镇并在城市安家落户,对城市基础设施公共产品的需求将大大增加,城市污水处理、燃气管道、城市绿化、生活垃圾处理、城市公园等公共设施的投资将要增加。根据现有统计数据可计算人均城镇基础设施投资额,进而可以测算新型城镇化带来的新增基础设施投资。

根据成涛林(2015)的测算,2014 年到 2020 年,全国推进新型城镇化将新增城镇常住人口 11 568 万人,新增地方财政支出为 168 647 亿元。因此,全国范围内每新增一个城镇人口带来的成本约为 14.58 万元,我们以此为标准,测算六省市由于新型城镇化的地方财政支出增量(见表 6-4)。

6.6　地方政府可用财力测算

按照目前的预算管理制度,地方政府收入主要由三部分组成:地方财政公共预算收入、政府性基金收入、国有资本经营预算收入。但地方国有资本经营预算基本上是从 2013 年才正式开展的,并且国有资本经济预算收入主要用于国有经济和产业结构调整、企业灾后恢复生产重建、企业重大技术创新、节能减排、境外矿产资源权益投资以及改革重组补助支出等,还没有和地方公共预算支出、政府性基金支出体系相互衔接,所以尚不能成为地方政府可用财力。而且,地方国有资本经营预算收入规模与地方财政预算收入相比,份额也很小,几乎可以忽略不计。因此,目前地方政府可用财力主要还是由地方公共预算收入和政府性基金收入两部分构成。由于地方公共预算收入还涉及对中央财政的上缴,地方公共预算支出除了地方公共预算收入体制分成财力之外,还包括中央财政的转移支付、债务收入等,而这个事先难以准确预测。另外,地方政府性基金收入当年征收部分还不一定全部入库,地方政府出于收入占比、财政收入增幅考核等多种因素,认为调节入库因素较多。因此,测量地方政府当年可用财力只能用当年地方财政公共预算支出及政府性基金支出这两个指标,这相当于是当年政府已经花出去的钱。

表6-4 六省市2018—2020年新型城镇化所需政府财政支出增量测算表（亿元）

城市	2018年	2019年	2020年	总额
山东省	1342.22	1357.13	1372.19	4071.53
济南市	178.60	181.77	185.00	545.37
青岛市	198.44	201.20	203.99	603.63
滨州市	47.28	47.74	48.20	143.22
德州市	178.24	179.98	181.74	539.97
东营市	63.51	64.46	65.42	193.39
菏泽市	929.63	950.44	971.60	2851.67
济宁市	237.90	240.29	242.70	720.89
莱芜市	39.30	39.82	40.35	119.46
聊城市	615.56	624.16	632.86	1872.58
临沂市	336.45	342.81	349.26	1028.52
日照市	258.67	264.08	269.58	792.33
泰安市	139.31	140.30	141.29	420.90

城市	2018年	2019年	2020年	总额
苏州市	248.13	249.29	250.46	747.88
泰州市	28.46	28.51	28.56	85.52
无锡市	51.62	51.85	52.07	155.54
宿迁市	15.00	15.04	15.09	45.13
徐州市	223.86	225.97	228.09	677.91
盐城市	171.57	175.15	178.81	525.53
扬州市	96.54	96.96	97.37	290.87
镇江市	43.92	44.04	44.17	132.13
吉林省	345.28	341.95	338.63	1025.87
长春市	40.13	39.90	39.66	119.69
白城市	192.60	187.94	183.36	563.90
白山市	38.55	36.84	35.19	110.58

城市	2018年	2019年	2020年	总额
怀化市	235.10	237.85	240.63	713.59
娄底市	104.94	106.03	107.13	318.10
邵阳市	185.84	188.31	190.81	564.96
湘潭市	192.51	194.23	195.96	582.70
湘西土家族自治区	197.08	197.96	198.84	593.89
益阳市	211.08	211.10	211.13	633.31
永州市	202.74	204.92	207.13	614.78
岳阳市	117.54	119.14	120.76	357.44
张家界市	62.51	62.84	63.18	188.54
株洲市	163.58	165.14	166.71	495.42
山西省	633.60	639.11	644.65	1917.37
太原市	61.48	62.04	62.60	186.11

续表

城市	2018年	2019年	2020年	总额
威海市	54.08	54.28	54.48	162.84
潍坊市	264.83	266.89	268.96	800.68
烟台市	246.54	248.46	250.40	745.40
枣庄市	134.36	136.24	138.14	408.74
淄博市	95.46	96.53	97.60	289.59
江苏省	1500.76	1508.76	1516.80	4526.32
南京市	76.97	77.48	77.99	232.43
常州市	80.94	81.17	81.41	243.52
淮安市	108.53	109.37	110.22	328.12
连云港市	159.26	160.74	162.23	482.23
南通市	143.28	143.37	143.46	430.12

城市	2018年	2019年	2020年	总额
辽源市	97.48	95.32	93.20	286.01
吉林市	143.30	143.12	142.94	429.36
四平市	281.38	270.61	260.13	812.12
松原市	109.34	105.91	102.55	317.80
通化市	46.94	44.01	41.18	132.13
延边朝鲜族自治区	83.52	82.26	81.01	246.79
湖南省	1464.95	1480.70	1496.59	4442.24
长沙市	376.14	389.91	404.14	1170.19
常德市	241.56	241.95	242.34	725.86
郴州市	234.62	235.71	236.80	707.13
衡阳市	98.74	97.75	96.76	293.26

城市	2018年	2019年	2020年	总额
吕梁市	172.35	174.22	176.12	522.69
朔州市	59.79	60.26	60.74	180.80
忻州市	92.98	93.70	94.42	281.10
大同市	100.70	101.61	102.54	304.85
晋城市	6.51	6.53	6.55	19.60
晋中市	108.38	109.30	110.24	327.92
临汾市	270.87	273.51	276.17	820.56
长治市	132.32	133.56	134.80	400.68
阳泉市	22.09	22.24	22.39	66.72
运城市	177.98	179.75	181.54	539.28
重庆市	1158.09	1177.05	1196.26	3531.40

　　在既定的分税制体制下,地方公共财政预算收入规模越大,其分成财力也越高,可用财力也越多。因此,地方公共财政收入增幅的高低直接影响着地方政府可用财力。在全国的经济进入新常态的背景之下,地方公共财政收入的增幅普遍下降,甚至个别地区出现大幅度负增长的状况,给地方财政和城镇化进程带来极大的压力,地方政府不得不适应财政收入中低速增长的新常态。此外,为应对当前经济下行压力,保持经济运行在合理区间,国家先后出台了一系列减税政策,持续加大对中小微企业和创业创新的减税降费力度,这也导致了地方财政收入的缩减。因此,在现行分税制财政体制不做调整的情况下,从 2018 年到 2020 年,地方政府可支配财力增幅相当有限。但为了尽量客观预测,本部分用 2014 年到 2017 年这 4 年的地方政府公共财政预算收入的平均增幅来推算 2018 年到 2020 年的地方政府公共财政预算收入情况。

　　政府性基金收入方面,其绝大部分来源于国有土地使用权出让的收入,由于这部分收入受国家宏观调控政策以及房地产市场波动的影响特别大,因此无法准确预测,为了便于计算,假设政府性基金收入与公共财政预算收入同方向同步率变动。

6.7　财政缺口测算

　　在维持原有地方财政支出规模大体不变的条件下,测算所得的每年地方政府财力的增量与新型城镇化带来的财政需求之间的差额,就是新型城镇化给地方政府造成的财政缺口(见表 6-5)。其中,我们隐含的假设是,除了城镇化带来的新的财政支出需求,没有其他新增的财政支出项目,所以我们的测量结果偏向于保守。

表6-5　六省市2018—2020年新型城镇化地方财政缺口测算表（亿元）

城市	2018年	2019年	2020年	总差额
山东省	604.31	569.90	532.33	1706.54
济南市	-18.13	-35.84	-55.71	-109.68
青岛市	46.62	35.75	23.69	106.06
滨州市	25.89	24.95	23.92	74.75
德州市	130.70	123.95	115.71	370.36
东营市	53.12	53.64	54.15	160.91
菏泽市	919.22	939.51	960.14	2818.87
济宁市	215.91	217.20	218.46	651.58
莱芜市	36.97	37.39	37.82	112.19
聊城市	598.62	606.17	613.74	1818.52
临沂市	313.85	319.17	324.54	957.56
日照市	234.62	238.02	241.33	713.97
泰安市	131.01	131.71	132.40	395.11

城市	2018年	2019年	2020年	总差额
苏州市	39.90	20.77	-0.33	60.35
泰州市	-1.95	-4.19	-6.60	-12.74
无锡市	-20.57	-25.10	-29.94	-75.61
宿迁市	18.66	18.67	18.68	56.01
徐州市	209.71	211.50	213.29	634.50
盐城市	195.49	198.11	200.83	594.43
扬州市	76.66	76.45	76.23	229.33
镇江市	40.57	40.67	40.76	122.00
吉林省	346.03	342.69	339.38	1028.09
长春市	24.89	24.49	24.10	73.48
白城市	192.07	187.40	182.82	562.29
白山市	43.22	41.10	39.05	123.37

城市	2018年	2019年	2020年	总差额
怀化市	216.34	217.04	217.54	650.92
娄底市	96.50	97.02	97.51	291.03
邵阳市	171.13	172.20	173.17	516.50
湘潭市	172.48	172.56	172.52	517.56
湘西土家族自治区	170.64	166.60	161.64	498.87
益阳市	202.35	201.74	201.09	605.18
永州市	177.14	175.67	173.69	526.50
岳阳市	90.12	89.57	88.87	268.57
张家界市	55.57	55.14	54.61	165.32
株洲市	127.15	125.59	123.77	376.51
山西省	590.39	595.19	600.01	1785.59
太原市	22.35	20.38	18.26	61.00

续表

城市	2018年	2019年	2020年	总差额
威海市	15.63	12.98	10.12	38.72
潍坊市	188.49	184.54	180.13	553.16
烟台市	178.38	175.52	172.33	526.22
枣庄市	130.05	131.85	133.67	395.58
淄博市	61.10	59.63	57.98	178.71
江苏省	1328.67	1333.56	1338.43	4000.67
南京市	-282.72	-325.65	-373.82	-982.18
常州市	30.95	27.75	24.32	83.02
淮安市	138.26	136.79	135.51	410.56
连云港市	179.82	180.31	180.86	541.00
南通市	123.30	122.85	122.38	368.53

城市	2018年	2019年	2020年	总差额
辽源市	98.39	96.21	94.07	288.67
吉林市	134.88	134.46	134.03	403.37
四平市	280.20	269.41	258.92	808.52
松原市	116.31	112.26	108.34	336.91
通化市	51.09	48.00	45.03	144.13
延边朝鲜族自治区	88.17	86.75	85.36	260.28
湖南省	1110.69	1101.98	1091.72	3304.40
长沙市	166.78	155.74	142.22	464.73
常德市	213.36	210.91	208.18	632.45
郴州市	246.88	247.35	247.86	742.09
衡阳市	89.80	88.57	87.34	265.72

城市	2018年	2019年	2020年	总差额
吕梁市	160.48	161.44	162.35	484.27
朔州市	59.13	59.60	60.07	178.80
忻州市	95.60	96.25	96.90	288.75
大同市	97.35	98.20	99.05	294.59
晋城市	4.78	4.78	4.77	14.33
晋中市	106.38	107.29	108.20	321.88
临汾市	276.84	279.19	281.56	837.59
长治市	128.84	130.00	131.16	390.01
阳泉市	20.39	20.49	20.59	61.46
运城市	164.47	165.05	165.54	495.07
重庆市	909.14	914.34	919.03	2742.51

第7章 地方政府融资体系构建与政策建议

本章从地方税体系、PPP 项目融资模式、地方政府债务融资三个方面来研究。对地方税体系、PPP 项目开发模式和地方政府债务融资规模进行测算;在此基础上设计地方税体系、PPP 项目开发模式和地方政府债务融资指标,进行地方政府融资体系构建;最后对地方政府融资体系运用神经网络模型进行建模推演,并依据模型对其融资规模进行测算与推演;依据融资体系对地方政府提出改革的政策建议。

7.1 地方税体系的构建

目前,我国地方财政收入对土地使用权出让收入依赖性高,但是由于随着城市化的进一步发展,土地的稀缺性日益凸显,土地的不可再生性使得目前土地财政模式从长期看来并不具有可持续发展性,不能给地方政府提供稳定的财源。因此,在新城镇化的背景之下,只有构建更为合理的地方税体系,才能为城市化发展提供稳定、可靠的经济保障,实现地方经济的可持续发展。

分税制改革之后,税收收入向中央政府集中,而更多的事权被下放给了地方政府。随着城市化的发展,地方政府更多的面临着城市基础设施建设、提供各类公共服务以及促进地方经济持续发展等一系列的问题。财权与事权一定程度上的不匹配使得地方政府入不敷出。同时,我国区域间经济发展并不均衡,从而使得各地财源并不平衡,因此地方税制对于区域经济协调发展也无法起到正向推动的作用。

在事权方面,根据国发[2016]49 号文《国务院关于推进中央与地方财政事权和支出责任划分改革的指导意见》,我国中央与地方财政事权和支出责任划分坚持体现基本公共服务受益范围的划分原则。具体而言,体现国家主权、维护统一市场以及受益范围覆盖全国的基本公共服务由中央负责,地区性基本公共服务由地方负责,跨省(区、市)的基本公共服务由中央与地方共同负责。随着城市化进程的推进,地方政府财政收入便愈加难以满足日益增长的地方性基本公共服务需求。

在这样的情况下,建立合理的地方税体系,为地方政府提供稳定、重组的税源便成为在城镇化发展过程中实现地方经济可持续发展的重要保证。

7.1.1 现行地方税体系存在的问题

1. 主体税种缺失

所谓地方税,只是和中央税相对而言。它是由省级以下地方人民政府负责征收管理和使用的财政收入。它是根据我国现行税收征收管理体制及收入支配权所做的分类。

地方税体系是由多种地方税组成的一个税收系统,其中一个或多个充当主体税种,其他税种发挥辅助作用,其组成税种既可以是地方共享税,也可以是独享税(孙文基 2016;朱青 2016)。营改增之前,营业税长期为地方税体系的绝对主体税种(李晶,2016)。数据表明,2004 年营业税占总体地方税的比重为 34.71%,2013 年占比 31.83%,营业税作为地方主体税种的作用可见一斑。全面推行"营改增"后将造成地方政府损失 1 万亿至 1.5 万亿的税收收入,这使原本税收功能较弱的地方税体系雪上加霜。

伴随着地方政府收入锐减,地方政府将陷入财力事权失衡的局面。多年来,地方政府的税收收入与其履行政府职能、提供服务、管辖事务必需的财政需要完全匹配,须依靠上级政府转移支付来弥补财力不足。在"营改增"导致财力锐减的同时,地方政府的事权却未有改变,公共产品与服务供给的职责、定位和总量未有调整,地方政府将陷入收入与支出不匹配、财力与事权不平衡的窘迫境地。因此,地方政府往往会采取收费的方法来弥补财政收支的缺口,形形色色的地方政府债务也在这样的背景下形成。除此之外,"土地财政"也成为地方政府筹集财政收入的重要组成部分(杨志勇,2010)。在我国的地方税体系中,税种虽多,但筹集的财政收入却不多,税源零星分散,征收成本高,加上主体税种的缺失,造成了地方税筹资功能弱的局面。

2. 地方税制交叉或缺位,税种设置不科学

一方面,地方税体系中部分税种职能重复设置(李晶,2016)。例如,城镇土地使用税和房产税。对于房产来说,对土地征收的城镇土地使用税将作为房产的价格再一次计征房产税,存在重复征税的现象,会加重税收负担。具体而言,若课税对象为裸地,则仅需对土地征收城镇土地使用税;若课税对象为房产,则不仅对土地征收城镇土地使用税,还要对房产征收房产税,对土地征收的城镇土地使用税进入地价,再成为房价的组成部分构成房产税的计税依据,必然存在着重复征税。

另一方面,地方税体系中税种设置存在职能缺位的现象,如环境保护税。多年来我国一直采用收费的方式来计征环境保护费,收费的形式随意性较大,应征不征,弹性征收的现象(李晶,2016)屡见不鲜。除此之外,地方税体系税制设置不合理,如资源税税基狭窄(李晶,2016;刘天琦,2016;孙文基,2016),诸如森林资源、水资源、草场资源等未纳入征税范围;另外,城市维护建设税采用消费税与增值税的税额作为计税依据的方法缺乏税收的独立性(孙文基,2016),由于信息不对称,经常处于被动地位(刘天琦,2016)。

3. 地方税体系部分税种要素安排滞后

房产税和城镇土地使用税制度滞后于社会发展的要求,主要表现在以下几个方面。

第一,现行房产税将农村的房产划出征税范围,房产在城乡之间适用不同的税收待遇,存在着制度不公。

第二,现行房产税对个人居民自用住房依然免税,不适应房改之后的社会经济环境,表现为制度滞后。

第三,城镇土地使用税采用从量计征方法,无法在土地价格上涨的趋势下实现税收与价格的同步增长,体现出制度滞后。

资源税制度滞后于资源保护的要求,主要表现在以下几个方面。

第一,资源税征税范围窄,仅对七类列举资源品征收,不利于其他有益资源品的保护。资源品的价格主要包括成本、利润和税金,由于向消费者或生产者征税影响资源品需求曲线,对有用资源品不予征税,将降低资源品价格,增加资源消费者可自由支配所得,诱导其使用资源品或增加使用量,从而增加无税资源品销售量,扩大无税资源品市场规模,活跃无税资源品市场活动,资源配置无从优化。

第二,城市维护建设税制度滞后于税制建设的要求。改革开放后,为满足招商引资背景下市政建设的资金需要,国务院匆忙推出城市维护建设税,并未为其设置独立的计税依据、税收优惠和纳税期限,而是将其依附于增值税、消费税和营业税之上,跟从主体税的征免而征免,属于典型的附加税。从本质上分析,城市维护建设税是对纳税人消耗城市公共事业和公共设施的补偿,属性上为受益税,但是当其计税依据和税收优惠依附于主体税时,受益税的属性自然无法展现和无从体现。

4. 地方缺乏税收立法权

我国的税收立法权属于全国人民代表大会,地方政府没有立法权。刘天琦(2016)认为,地方税收立法权的缺失使得地方税征收缺乏法律保障,使得地方税收缺乏稳定性。杨志勇(2016)则认为,税权的缺失容易导致方政府的违规操作,征管权的限制导致了税收流失(孙文基,2016),引发税收效率低下,税负不公,地方政府很难控制税源等问题(刘天琦,2016)。

在税政管理权方面,分税制改革确立了"税收实行分级征管,中央税由中央税务机构负责征收,地方税由地方税务机构负责征收"的征管体系,但现实中却存在着国税、地税征管。我国是一个具有广阔国土的国家,东、中、西部地区发展不平衡,资源禀赋差异巨大,税收立法权的缺失不利于地方政府因地制宜的筹集税收。权限交叉的现象,引发了税收征收效率低下、税负不公、地方无法有效控制地方税源等问题。地方税源的不稳定和难控制,直接导致了地方政府的财力与事权的不匹配,无法满足本地居民对公共产品和服务的需求。

7.1.2　我国地方税体系构建的政策建议

1. 合理划分中央与地方事权、财权关系

合理划分中央与地方事权、财权关系是建立地方税体系的前提。地方税体系是指由多种地方税种组成,具有一定收入规模、明确的税权划分及相对独立的征收管理机构的统一体。中国地方税体系由地方税税权体系、税制体系、税收征管体系三个主要部分组成,以事权支出范围和财权划分为主要内容的分税制是地方税体系存在的前提和基础,而由税源分散、功能各异的地方税种所构成的税收制度结构是地方税体系的主要内容,税收征管体系则是地方税落到实处的重要保证。建立地方税体系首先应合理划分中央与地方事权、财权关系,合理确定各级政府在教育、基本医疗、社会保障等公共服务领域的事权;在财权划分上适度向地方政府倾斜,减轻地方政府财政负担;健全城镇公共服务支出分担机制。

2018 年 2 月 8 日,国务院办公厅发布了《基本公共服务领域中中央与地方共同财政事权与支出责任划分改革方案》,该方案界定了中央与地方权责,确定基本公共服务领域共同财政事权范围,制定了基本公共服务保障国家基础标准,规范了中央与地方支出责任分担方式。在确定中央、地方共同事权的基础上,完善转移支付制度,该方案的提出有利于缓解地方政府财权与事权不匹配所造成的巨大财政压力。

2. 确立地方政府主体税种

(1)地方主体税种确立概述

地方税是依据我国财政管理体制的规定,满足地方政府服务于当地群众的支出需求,中央或地方制定相关规章条例,地方负责征管,收入全部归地方支配的一系列税种的概括。

在现有的税收划分格局下,地方税种类虽多,但多为税基小、税源分散、征管难度较大的税种,地方政府缺乏税源稳定、收入充裕以及对地方财力具有决定性影响的主体税种。主体税种的缺乏使得地方本级公共财政收入规模有限,再加上现行转移支付制度存在诸多问题,地方政府的可支配财力无法与愈来愈大的事权和支出责任相匹配。如何确立地方主体税种成为建立合理的地方税体系之当务之急。

地方税不仅要满足税收的三大基本性质,同时也有自身特质:一是税基非流动性。地方税征税的客体一般在固定范围,不存在区域性移动,可为地方政府提供持续收入。二是税源依附性。地方税源依附于各级地方政府所辖区域的地理位置、经济环境等因素。三是地区受益性。地方税是地方保障一个安稳的社会环境以及高质量的公共物品与服务的经济支撑。四是征管便利性。由于地方税税源散落而导致的征收困难、小税种数量繁多、计税算法纷繁复杂等特点,地方政府更方便管理与收缴。

地方税主体税种即在地方税制结构里占据首要位置,并且税源相对丰富又便于地方管理的某个或某几个税种的概括。在涵盖地方税基本特性的前提下,地方主体税种承载着组织地方税收收入和调节地方经济的重要功能。地方主体税种的选择需具备以下条件。

第一,税基非流动性。这指对某个税种征税难以使税基产生大范围区域性移动。若某一税种流动性比较强,又让地方负责征缴,由于各地税负水平不均,便会发生税基从税负较高的区域向税负较低的区域转移,继而引发资源分配严重失衡的状况。地方政府为缓解这种情况,降低本地税负,就容易发生地区间的恶意竞争,从而导致地方税收流失,无法发挥税收调节功能。因此,为了避免此类情况发生,主体税种肯定要具备这一特质。

第二,税收规模大,对经济弹性适度。为了保障地方政府支出需求,以供地方更好地为当地群众服务,地方税收收入中主体税种收入总额至少要接近三成左右。若主体税种收入规模较小,财政收入无法得到保证,难以维持支出需求,地方政府难免出现短视,进而引起很多麻烦。另外,主体税种要对经济波动反应适度:反应太强,会导致地方政府收入失衡;反应太弱,所得收入就难以满足政府职能的实现。总之,只有反应适度,才能保持地方政府有平稳可持续的收入。

第三,符合受益原则。这是指纳税人应缴纳税收的数额要与其从政府那里得到的公共物品的数量和满意度呈正相关关系。主体税种征税同样应该符合这一点,纳税人所承担税负相对偏高时,政府随之提供好一些的公共服务,如此,纳税人便可以接受这样高的税负,避免税基流入税负低的区域。

第四,符合效率原则。有些税种具有税基窄、税源分散、计税方法复杂等特点,从而导致征管难度大且征收成本高,如果将这些税种划归地方征管,相对于中央征管来说,更加能够提升征管的有效性,以减少相关支出。因此,主体税种也要具备这一特性。

(2)地方主体税种确立依据

①地方税主体税种选择要与政治体制相适应。受政治体制的影响,各国税权的划分各有千秋,联邦制国家倾向分权,而单一

制国家更倾向于集权。分权的国家地方政府具备相对不受约束的税收立法权和征管权,为避免发生恶意竞争,通常会选择税基流动性不强的税种,如美国划分了联邦、州、地方三级政府,各级政府持有各自的税权,所以就选择了税基广且稳定的财产税作为地方主体税种。而集权的国家,如日本,由于中央政府严格把控且具备统一的立法和征收权,而地方只有一小部分税种的开征、停征和税率的确定以及减免税的自主权,因而各个地区的税负相差不多,所以就确立了税基更具流动性的所得税类为主体税种。

②地方税主体税种选择要与经济发展水平相适应。从世界范围来看,各国受各种因素的影响其经济发展水平一定各不相同,那么,其对于地方税主体税种的认定也有很大差别。经济水平偏高的国家一般倾向于选择财产税和所得税等直接税,因为这些国家的国民生产总值和人均国民收入相对更高,直接税占该国比重也相对高一些,比如美国与英国的地方政府都选择财产税,日本选择了财产税和所得税;反观经济发展水平偏低的国家,它们更倾向于选择间接税,这是因为其人均国民收入稍微低一些,收入的积蓄偏低,但是商品流动较多,所以间接税所占比重就较高。

③地方税主体税种选择要与征管能力相匹配。受多种因素影响,不同国家的税收征管能力和水平也不尽相同。像美国与英国这样征管能力较强的国家,具有比较成熟的财产评估机制和先进的征收管理制度,有选择税源相对丰富但征管较难的财产税的基础;但是像进行财产税制改革前的印度尼西亚这类征管能力相对偏弱的国家,还未达到快速高效征收财产税的能力和水平,所以只能先逐步改进相关的财产评估系统和征管体制,为后续确立财产税奠基。

④地方税主体税种选择要考虑地方政府的税权与事权。与地方政府税权的大与小相对应的是主体税种税基流动性的弱与强。除此之外,还要考虑各级地方政府所承担的事权的范围。比如日本,它用法律明确了各级政府的事权,将基础设施建设、公共

卫生、治安消防等关乎群众日常生活的相关事宜划归地方政府；"都道府县"更多倾向于关注地方经济前景和地区经济结构的相关事宜，因此以事业税和居民税作为主体税种；"市町村"更多倾向于关注群众生活的相关事宜，因此以居民税和固定资产税作主体税种。

（3）省级地方政府主体税种确立的可行性分析

①增值税作为地方主体税的可行性分析。增值税作为中央与地方共享税，其税收收入占全部税收收入比重的四分之一以上，税源广泛。但是，虽然我国是在产制、批发和零售多环节征收，但产制环节征收最多，如此地方政府为分得更多税收，便会想方设法让企业来投资，而拉企业的办法就是承诺"税收优惠"。地区间的税收优惠在大环境的影响下会扭曲资源配置，并降低地方的可支配资金。所以，增值税不适宜作为地方的主体税种。

②企业所得税作为地方主体税的可行性分析。企业所得税是中央、地方共享税，中央占 60%、地方占 40%。若是该税种及其所得全部属于地方，一定能满足地方政府的资金需要。但是千万别忽略了它的税基即资本，资本的流动性非常强，就算立法权归属中央，导致地方不能改变税率或者减少征税甚至免除税收，地方政府也可以通过税收返还来压低本地区的税负，从而吸引更多企业来本地投资经营，这就会引起地区间的恶性税收竞争。国外分税制理论同样觉得企业所得税不能成为地方税，要归中央（联邦）政府独享。

③消费税作为地方主体税的可行性分析。2015 年，国内消费税收入总额为 10 542.16 亿元，与地方税收收入相比约是 7.8∶1，若将征税范围放大，并将其全部划给地方，一定能够满足地方的财力需求。并且，消费税还具备许多地方税主体税种的特征。

第一，符合补偿原则。对木制一次性筷子、鞭炮焰火等征消费税是有利于环境保护的，而环境污染具有明显的地域性，成本主要由当地居民承担，责任由当地政府承担。根据财力与事权相适应的原则，消费税应由地方政府负责征收管理。

第二,由地方负责更加便捷有效。不同地区群众消费喜好各有不同,地方政府更容易掌握。同时,课征消费税和地方获益息息相关,由地方负责可提高其征管的兴趣和效率。国内消费税作为省级地方政府主要税种适应权利与义务相配比要求,更能刺激省、直辖市、自治区地方人民政府采取各种措施扩大居民消费,从而促进我国国民经济快速稳定增长。

第三,消费是零售环节征税的税基,它和人口密切相关,较于资本,出现跨区域流动概率更小一些的自然是人,这样地方招商大战就难以出现了。

④改革消费税的具体建议。将国内消费税划分给地方,并将现在的消费税进行升级,最终形成省级地方税主体税种,具体有以下几点。

第一,优化现有消费税的征收范围。经济飞速发展使得商品迅速更迭,很多应税商品已成为日常用品,比如普通化妆品,如果还不从应税消费品的名单中除去,将使得生活成本上涨,并影响消费税调节贫富差距的作用。所以,应逐步将日常生活必需品以及原材料的税率降低甚至免除,而将高花费的用品纳入征收名单。同时,还应重视消费税环保功能,把污染性强、能源消耗大的商品列入这一行列。

第二,科学设置不同科目适用税率。现行的对一些高端商品的税率已经不合理,无法有效体现调节作用,应重新确定合适的税额或税率。对于高能耗、高污染、高消费和高端服务应适当提高税率,引导居民合理消费。

第三,后移征收环节。如今的消费税大多在生产环节课征,但就这样将消费税划归地方,也许会使地方政府为增加税源胡乱投资去生产相关消费品,违背征收消费税的初衷。所以,应将征税后移至零售、批发或消费环节,并采用价外税的方式计征,让消费者清楚他们所购买商品所承担的税负,这样更能发挥调节消费的作用。

(4)市(县)级地方税主体税种的选择

我国市县众多,并且各有特色。综合来看,东中部地区经济发展迅速、房地产业发达,税源较充足,所以,应将现行房产税与其他相关税种统一为房地产税,逐步培养成为这些地区的主体税种;而西部地区经济水平还比较低,但其土地富饶、物产丰盈,可培养资源税为主体税种。

①房地产税可行性分析。房产税作为税源稳定、税基广泛且具有稳定增长潜力的税种,较为适合整合为地方主体税种。2015 年,房产税、土地增值税、城镇土地使用税、耕地占用税以及契税的收入总额为 14 020.88 亿元,占我国地方税收收入的比重达到 22.4%。而在中东部地区,这个数据更可观。

房地产税开征后,将在三个方面促进税收收入的增长:第一,以房地产评估价值为计税依据,评估价值高于房地产原入账价值和交易价值时,将扩大房地产税税基,带来更多的税收收入。第二,恢复对居民自用住房征税,在全国住房户均拥有率 1.02 套的背景下,城镇居民个人将构成主要纳税人,居民个人缴纳的房地产税将由无到有、由有到大,并可维持税收收入不断增长的态势。第三,房地产税征税对象包括存量房地产,将会扩大房地产税的征税范围,形成稳定的房地产税收入。预计试点结束、在全国范围内普遍征收后,房地产税将带来至少 1 万亿元规模的税收收入,足以有效弥补地方政府由于营业税消亡带来的财政收入减少,由此也足以奠定房地产税为地方税主体税种的基础。

此外,房地产税还具备许多地方税主体税种的特性。第一,税基非常固定。房产和土地都属不动产,不易挪动,地域性强,因此,各个区域间很难出现恶意税收竞争的情况。第二,收入平稳可持续,对经济反应适度。房屋、土地是房地产税的课征基础,来源有保障,今后房地产业会更发达,与之有关的税收收入也会更有保障。未来一段时期内,社会对住房的需求不会有太大改变,所以,房地产税的收入也不会有较大的波动,符合对经济有适度弹性的特点。第三,满足受益原则。搞好基础设施建设和保持社会环境的稳定为市县级政府的根本任务,而房产和土地的税收正是它们的资金来源,和当地群众利益联系颇深,具备显著的区域收益性。第四,能够体现效率原则。房地产税征税对象多且分散,受户型、占地面积等影响,每一处房产的价值也不同,需要实地测查,由地方政府征管,成本更低,更方便,可提高征管效率。

②资源税的可行性分析。资源税改革的推进也是构建地方主体税种的措施之一。资源税改革在促进低碳发展和节能降耗的同时,还大幅增加了地方政府的税收收入。2015 年,我国西部地区石油、天然气、煤炭、锰矿的探明储量分别为 133921.9 万吨、35033.8 亿立方米、600.5 亿吨、8694 万吨,分别占全国的 38.31%、67.45%、24.61%、31.47%;森林蓄积量为 707936.59 万立方米,占全国的 46.77%;土地总面积约为 397853.6 千公顷,占全国总面积的 58.16%。所以,对西部地区的资源征税,税基宽阔,可保障地方政府的财政收入。并且,资源税还具备许多地方税主体税种的特征。第一,税基较稳定。对挖掘自然资源这一做法征税,税基难以转移,就难以发生恶意税收竞争。第二,收入稳定可靠,对经济有适度弹性。对于西部地区而言,资源丰富,税基稳定,与流转税和所得税的税基相比,自然资源价值更稳定,能够保障税收收入。社会对资源的需求是持久的,受经济波动的影响较小,弹性适度。第三,符合受益原则。一个地区的政府通过对资源征税,不但能够有效把握本地区资源合理利用的程度和水平,保护自然环境,而且还能将这些收入用于本地区公共服务和产品的供给上。第四,符合效率原则。不同地区的地理结构、优势资源各不相同,各地政府掌握得相对全面细致,地方负责的成本更小,更能促进资源的合理利用。

确立资源税为地方政府的支柱财源,还需从以下方面继续推进资源税改革:一是扩大征收范围,逐步将水、草原、森林、土地、滩涂和海洋等关系广大民众切身利益与国家可持续发展的基础资源纳入征税范围,进一步提高资源丰富地区的资源税收入,并减小地区间因资源禀赋差异造成的资源税收入差距,从而使其成为一种全方位、适应性较强的全国性地方税种;二是将从价计征逐步扩大到煤炭等重要资源产品,将税收与资源市场价格直接挂钩,促进资源的合理使用,增加地方财政收入;三是逐步清理地方自行出台的与资源开采使用相关的收费项目,以解决资源企业税费负担不公平、不均等问题,营造良好有序和公平竞争的资源市场环境。

③构建市(县)级地方税主体税种的建议。具体如下所述。

a. 房地产税改革。

首先,简化归并相关税费。将房产开发、交易和保有环节的税负合理分摊:在开发环节,可合并耕地占用税和土地增值税;在交易环节,可取消房地产交易环节的印花税;在保有环节,可把房产税和城镇土地使用税合并。此外,还应逐步把土地管理费、有偿使用费和征地补偿费等相关费用转为税收,最终形成房地产税。

其次,增加税收规模。当前房产税大部分是向非住宅类和经营性不动产征税,在这方面,可逐步涉及个人和住宅类不动产,这样会有更广泛的税基。

再次,调整计税标准。很多国家都将房地产的评估价值作为征收标准,我国也应该这样,设置专业性的评估机构,将房屋位置、建造大小、结构以及所作用处等作为评估标准,能够客观反映其价值。

最后,划归地方部分管理权。由中央先出台总的税率幅度,地方再考虑辖区实际状况选择合适的税率,并采用适当的办法进行征收。

b. 资源税改革。现行资源税具有税基窄、税率低的缺陷,地方管理权有限,使得它的优势无法体现,因此要进行改革,使之能承担起西部市县级主体税种的责任,具体有以下几点。

首先,增加征收范围。由于我国目前征管水平较低,所以需要逐步实施,先把水、森林以及草场这些比较容易收缴的资源列入其中,待逐渐提高征管水平后,再把海洋、地热这些难以收缴的资源划进来,这样资源税收入就更加有保障了。

其次,调整计税方式。对于比较稀缺且价格波动偏大的资源按照价格征收,这样不但能够保障地方收入,保护资源过度挖掘,也能够有效均衡价格。对于需求稳定、价格波动小的资源采用从量计征的方式,可保证地方收入稳定,方便征管。

最后,划给地方适当管理权。将一部分资源税的管理权划归地方,由中央掌控全局的条件下,地方可按照所辖区域的情况适当调增或调减税目或税率,各地政府调整税率时还需考虑资源的多寡、售出价格以及开采后的修复花费等因素,以更好地发挥资源税的调节作用。

3. 优化地方税体系税种间安排

(1)合并房产税和城镇土地使用税

考虑到中国房产税与城镇土地使用税重复设置,宜将两税合并,推出统一的房地产税。房地产税的改革主要体现在三个方面:第一,创新计税依据,以房地产评估价值为基础,依据经济发展状况和社会进步程度确定评估周期。第二,设置税收优惠,对于基本生活保障用房依据人均面积与房产价值设置税收豁免。第三,布局税收征管,落实《不动产登记暂行条例》,推广不动产登记信息系统,在房源管理方面落实"互联网+"措施,完善《中华人民共和国税收征管法》。

(2)将耕地占用税并入资源税

鉴于耕地占用税以耕地为课税对象,耕地由自然土壤发育而成,具有资源品属性,因此宜将耕地占用税并入资源税,将耕地列为资源税税目,依照从价计税方法征收资源税。

(3)将契税并入印花税

鉴于契税对于土地、房屋权属转移征收,印花税对于不动产所有权转移征收,两者同处于一个交易环节,属于制度性重复征税,因此宜将契税并入印花税,在印花税税目中设置不动产交易印花税,依照从价计税方法征收印花税。

4. 健全税收法律体系,确定税收立法权

(1)健全税收法律体系

当前,我国大部分税收相关法规都不是用法律确定下来的,

缺乏法律依据，影响执行效率。所以，在选择地方税主体税种之前的首要任务就是要让我国税收法律体系更加明确，更有系统性。第一，先要将税收基本法设计出来，用来作为其他税法的基础。第二，在此基础上修订税收实体法和程序法，严格规定纳税主体、课税对象、计征方式、征收办法等。第三，对地方税收法规进行规划，明晰权责，为主体税种的选择提供良好的法律环境。

(2)确定税收立法权

税收立法权是税权的重要组成部分，而其中最为重要的是税种的开征权与停征权、税目的确定权和税率的调整权、税收优惠的确定权等。拥有完全的税收立法权，不仅可以通过确定税收规模、选择税收结构、设置税收要素等来贯彻政策意图、配置和调度经济资源，还可以在一定程度上控制税收征管权和税收政策制定权。从这个意义上讲，税收立法权实质上就是一种资源配置决策权。

(3)赋予地方政府税政管理权限

赋予地方政府的税政管理权限主要在三个方面：第一，对于在全国范围普遍开征但是税源流动性影响较小的税种，如房地产税，宜由中央政府确定税收法律框架，由地方政府制定实施细则。第二，对于各地税源差异较大且不宜在全国普遍开征的税种，如资源税，宜赋予地方政府一定的税收立法权，允许地方政府依法增设地区性税种。第三，在中央政府授权下，允许地方政府有一定的税目和税率的调整权。

7.2　PPP 项目融资模式

随着我国城市化进程的推进，我国地方政府将面临日益突出的公用设施供需压力，市政公用事业的建设也将随之迎来高峰，这就使得地方政府面临越来越大的融资压力，因此迫切需要地方政府寻求新的项目融资模式并为之提供良好的政策环境。PPP

模式具有"伙伴关系、利益共享、风险共担"等特点,能够有效缓解地方政府基建资金压力、提升项目建设运营效率,同时也为民间资本提供了广阔的投资领域。地方政府应着重发挥PPP模式在基础设施和公共服务中的引导作用,发挥其在基础设施建设领域的作用,而对于经营性项目,可以充分利用社会资本和外资等资源,利用PPP等多种模式进行投资建设。推广使用PPP模式不仅是支持新型城镇化建设的重要手段和改进政府公共服务的重要举措,还是建立现代财政制度的内在要求。

7.2.1　PPP项目模式概述

PPP(Public Private Partnership)是指在某个项目的建立上,政府、营利性企业和非营利性组织的相互合作关系的形式。PPP的三方在参与某个项目时,一起承担责任和风险,从而实现政府公共部门的职能并同时也为民营部门带来利益。这种合作和管理过程可以为社会更有效率地提供公共产品和服务,使有限的资源发挥更大的作用。对于具体项目找到其所适应的提供模式能使得政府效率最大化、提供方和受益方都享受到其应获得的利益,形成一种多赢的局面。

PPP作为公共基础设施项目建设与运营的模式之一,能够以市场竞争方式,即政府部门以招标方式选择资金实力雄厚、运营管理及投资经验丰富的民间资本,将社会资本引入公共基础设施建设及公共服务领域。社会资本可在这一模式下直接进入公共产品和公共服务的供给领域,通过"风险共担、利益共享"的运行机制,得到合理的投资回报。PPP模式不仅缓解了政府部门公共基础设施建设和提供公共服务的资金缺口,还拓宽了社会资本的投资渠道,从而实现了多个项目参与主体的"多赢"局面。

1. PPP模式的内涵

国际上,由于各国意识形态和实践的不同需求,尚未对PPP

模式形成统一的定义。加拿大 PPP 国家委员会指出 PPP 是公共部门和私人部门之间的一种合作关系,主要强调公私部门之间的风险分担和利益共享。美国 PPP 国家委员会认为,PPP 是介于外包和私有化之间并结合了二者特点的一种公共产品提供方式,并从项目生命周期角度强调了私人部门的参与,尤其是强调了私人部门的投融资。联合国培训研究院的界定是:PPP 模式主要是为满足公共产品需要而建立的公共和私人的合作关系。欧盟委员会指出,PPP 模式其实就是政府部门和私人部门二者之间为充分发挥公共部门提供公共服务项目的职能而建立起来的一种合作关系。

在我国,官方对 PPP 内涵的理解一般采用财政部给出的定义,即政府和社会资本合作模式是在基础设施和公共服务领域建立的一种长期合作关系。财政部在《关于推广运用政府和社会资本合作模式有关问题的通知》中指出:政府和社会资本合作模式(PPP)是在基础设施及公共服务领域建立的一种长期合作关系,属于广义 PPP 的范畴。财政部认为,PPP 是政府与社会资本为提供公共产品或服务而建立的"全过程"合作关系,以授予特许经营权为基础,以利益共享和风险共担为特征,通过引入市场竞争和激励约束机制,发挥双方优势,提高公共产品或服务的质量和供给效率。

PPP 模式内涵应至少包含以下三个方面。

(1)项目主体

项目主体包括至少公共部门和私人部门双方。私人部门投资并承担融资责任是区分 PPP 模式和传统方式的重要因素。私人部门参与投融资能有效减轻政府财政负担,加快基础设施建设。实践中,公私合作伙伴关系具体包括政府、承包商、运营商和客户等项目主体。它们通过各种合同协议建立了关系,参与者和金融家筹集资金,将各种法律上和经济上的优惠提供给参与者,确保产品的供应、生产和销售。

（2）项目产权

私人部门具有项目特许权力。相较于传统模式，PPP 模式更加强调在双方签订协议之后，私人部门是否享有项目产权，包括所有权、经营权和收益权等权利。在私人部门享有特许权的情况下，可以有效地促进私人部门对产品技术进行创新，提高项目整体的管理效率，同时也能够促进公共部门内部的改革与管理效率的提升。

（3）风险分担

PPP 模式中公共部门和私人部门对项目风险的承担是按照各自承担风险能力的大小来划分的，这可以有效地分散风险，降低双方风险系数并有利于有效加强项目风险控制。

此外，PPP 模式的项目客体一般为公共产品，包括公益项目（主要为政府购买服务）、准经营性项目（主要采取政府可行性缺口补助方式）、经营性项目（主要采取使用者付费方式）。最后，PPP 项目过程至少包括开发建设期和运营期两个阶段，根据财政部要求，PPP 合同的期限最低不少于 10 年。

综上所述，PPP 模式是指政府为增强公共产品提供和服务能力，提高供给质量和效率，与私人部门签订合作协议并赋予私人部门特许权利，通过特许经营、购买服务、股权合作等方式，同私人部门建立的利益共享、风险分担及长期合作的一种项目运作模式。

2. PPP 模式的分类

PPP 通常模式是由社会资本承担设计、建设、运营、维护基础设施的大部分工作，并通过"使用者付费"及必要的"政府付费"获得合理投资回报；政府部门负责基础设施及公共服务价格和质量监管，以保证公共利益最大化。

对 PPP 模式内涵认识不一，导致不同 PPP 模式分类存在较大差异。根据上文的论述，产权、运营维护、风险等因素应作为划分 PPP 模式的主要依据，据此将 PPP 模式分为以下三类，分别是由政府投资并拥有项目所有权、由私人部门部分或全部投资但政府拥有项目所有权、由私人部门投资并拥有项目所有权。

第一类，政府投资政府拥有项目产权，可称其为"外包类"。外包类一般是由政府投资，私人部门承包整个项目中的一项或几项职能。例如，只负责工程建设，或者受政府之托代为管理维护设施或提供部分公共服务，并通过政府付费实现收益。具体分为模式外包（服务外包、管理外包）和整体式外包（设计－建造、设计－建造－主要维护、设计－建造－经营、经营和维护）。具体包括DBO、DBOM 两种。DBO 模式中，私人部门按合同规定的要求进行项目的设计、建设，并接受委托，负责基础设施项目运营，而公共部门拥有基础设施所有权和重大运营决策权。DBOM 模式是在 DBO 模式的基础上进一步和私人部门进行合作，将项目的维护也移交给私人部门。私人部门参与项目生命周期各阶段，高度的一体化可以有效地降低沟通所耗费的成本，缩短项目设计建设时间。

第二类，私人部门负责项目的部分或全部投资，但项目的最终所有权归政府所有，可称其为"特许经营类"。其特点是，需要私人参与部分或全部投资，并通过一定的合作机制与公共部门分担项目风险、共享项目收益。分为 TOT（购买－更新－经营－转让、租赁－更新－经营－转让）、BOT（建设－租赁－经营－转让、建设－拥有－经营－转让）和其他（设计－建造－转移－经营、设计－建造－投资－经营）。具体包括 FDBOT、FDBOOT、FDBT三种。FDBOT 是指私人部门获取特许经营权后，私人部门承担该项目的投融资、建设、运营，在运营期内私人部门向用户收取费用来回收项目投资成本，并取得一定的回报，特许期（10～30 年）结束将项目移交给政府。FDBOOT 是指私人部门获得特许经营权后，私人部门自行投资、设计、建设、经营项目，同样在特许期结束将项目移交政府，但是私人部门在项目的经营期内拥有项目的所有权。FDBT 模式指政府与私人部门签署付费合同，由私人部门负责项目的投融资和建设，项目建设完成后移交给政府部门，由政府部门负责运营。政府部门在移交后的一定期限内(3～5年)向私人部门支付一定费用,该费用可弥补私人部门的建设投资、融资费用,并能使私人部门获得合理的投资回报。

第三类,私人部门投资并拥有项目所有权,可称之为"私有化类"。其特点是,需要私人部门负责项目的全部投资,在政府监管下通过向用户收费收回投资实现利润,分为完全私有化(购买－更新－经营、建设－拥有－经营)和部分私有化(股权转让、其他),具体包括 FDBOM、FDBOO 两种。FDBOM 模式下政府与私人部门签署付费合同(合同期限视项目规模而定,一般为 10 年以上),由私人部门投融资、设计、建设、运营维护项目,并拥有项目的所有权,这种模式的创新在于其不是传统资本性采购,而是一种服务采购政策。FDBOO 模式下,政府与私人部门签署特许合同,由私人部门投融资、建设、运营并永久拥有项目,但运营期间要接受政府的监督管理或价格规制。

3. PPP 模式的优势

PPP 模式主要优势体现在:一是有利于项目风险在多个参与主体间的合理分散。PPP 模式下基础设施项目建设及运营至少包括政府部门、项目公司、承包商、运营公司等多个主体,不同参与主体风险控制、风险化解、风险承担能力各有千秋,项目融资风险可在不同参与主体间进行合理分配,有效降低项目整体风险;二是可引入资金规模雄厚、项目经验丰富、经营管理技术先进的社会资本进入公共服务领域,有效缓解政府资金压力,拓宽民间资本投资渠道,提高公共服务及公共产品质量与效率。政府部门通过公开招标等市场竞争手段选择经营管理技术先进的社会资本作为合作伙伴,从而实现了社会效益和民间资本经济效益的"双赢"。凭借以上优势,加上中央政府政策上的大力支持,PPP模式在我国基础设施建设领域应用前景广阔。目前,PPP 模式在城市轨道交通、综合管廊项目、棚户区改造、路桥建设、水利建设等城市基础设施建设领域得到初步应用,可以预见随着我国财政体制改革的不断深入、政府融资平台的逐渐退出、城镇化建设的日益深入,PPP 融资模式将具有更加广阔的应用空间。

7.2.2　PPP 模式项目融资分析

1. PPP 模式融资限制条件

截至 2017 年上半年,我国 PPP 累计入库项目已经超过 13 000 个,累计投资额超过 16 万亿元,然而在快速发展的同时,PPP 模式也面临着融资上的困难,相当一部分融资仍无法到位,存在着 PPP 模式融资困难以及大量民间资本闲置的矛盾。

受融资到位率较低的影响,目前已开工建设的项目比率并不高,已完成并进入运营期的项目比例则更低,很多项目虽然早就签订了 PPP 合同,但由于融资困难,无法开始建设。整体而言,中国的 PPP 融资主要表现出以下特征。

(1)银行融资是 PPP 主要资金来源

根据央行发布的数据,2017 年 6 月末社会融资规模存量为 166.92 万亿元,同比增长 12.8%。以企业债券和股票为代表的直接融资同比减少了 2.27 万亿元,占同期社会融资规模增量的 0.9%,间接融资仍然是社会融资的主要途径。虽然没有全国 PPP 资金来源的数据,但从部分省份已发布的数据来看,在已经落地的 PPP 项目中,银行仍是 PPP 融资的主要来源,如四川省已落地的 PPP 项目中,至少 80% 的资金是通过由商业银行融资而获得。

根据对不同途径的融资要求的分析可以看出,在授信政策相同的条件下,银行信贷提供的资金规模较大、资本较低、期限较长,此外,银行对于政府层级和财政实力的要求也远低于其他金融机构,以上原因使得商业银行成为 PPP 融资的主要来源。

(2)融资杠杆普遍较高

受制于货币供应量、宏观经济调控与投资惯性的约束,进入

PPP 领域的社会融资总量同 PPP 项目规模相比显得过小,并且进入时间存在一定滞后,受其影响,在 PPP 快速发展的过程中,企业会持续加大融资杠杆率。以央企为例,政府背景使得央企更容易受到国家政策的影响,再加上地方政府资金的短缺,使得央企投资 PPP 的推动力较强,因此央企广泛进入了 PPP 领域。虽然相比地方国企和民营企业,央企的资金实力和融资能力都更强,但通常央企投资的项目更多,这使得对于单个项目的投资规模有限。而 PPP 项目所需的资金都非常巨大,这就要求央企投资的单个 PPP 项目必须以少量资本来撬动更大的资金规模,才能保证项目的顺利实施。但由于 PPP 项目的投资周期通常较长,已经落地的 PPP 项目大多处于建设期,并未开始运营,没有稳定的现金流,使其难以获得较高的金融信贷授权,最终导致了 PPP 项目普遍存在融资困难。

（3）不同主体参与的项目存在差异

从融资主体来看,国有企业参与的 PPP 项目数量远高于民营企业参与的项目。截止 2017 年上半年,共有 793 个国家示范项目落地,这其中包含签约的民营企业（含民营独资和民营控股）共 291 家,占签约总数的 36.7%;签约的国有企业（含国有独资和国有控股）共 436 家,占签约总数的 55%;其余 66 家为港澳台及外资企业。从项目种类来看,民营企业参与的多为规模较小且更加注重运营的公共服务类项目;而国有企业参与的多为规模较大,前期投入较大,更加重视建设的基础设施类项目。比较而言,国有企业参与 PPP 项目的规模远远高于民营企业,国有企业与民营企业二者参与 PPP 项目的类型也存在明显的差异。

从市场分割来看,PPP 项目已成为我国经济新常态背景下国内工程类国企的新战场,优质的"中"字头央企依托强大的融资实力与国家信用,以较低的融资成本与回报要求,已基本占领了直辖市、省会城市、国家级园区以及经济实力较强的地县级市场,这些地区的 PPP 项目基本全部由"中"字头央企承担。剩余地区的项目则由其他国企承担,由于经济发展的差异,使得这些地区的融资成本与回报要求均高于央企参与地区。市场分割的现状符合"收益与风险对等"的经济规律,在经济实力较强的地区,地方政府对 PPP 项目的保障程度更高,投资风险更小,社会资本要求的回报也较低,项目较低的利润空间和较高的融资成本使得民营资本难以同央企进行竞争。

(4)PPP 基金发展良好与否

PPP 基金既包括地方政府和政府职能部门发起的基金,也包括社会资本发起的基金。地方政府通过 PPP 基金,可以在投入较少资金的情况下撬动更多的社会资金参与当地的 PPP 项目。与金融机构贷款相比,基金更能以小博大,并将融资主动权掌握在政府方手中。此外,如能引入更高层级政府成立的引导基金,则能对当地项目实施起到增信作用,尤其对于紧急的重大项目,政府方更愿意以基金为主导进行项目融资。社会资本发起基金是为了实现表外融资、优化资产负债表的目的,具有一定实力的社会资本一般会成立基金并与其组成联合体参与投标,共同出资成立项目公司。通过与基金公司签订抽屉协议,在运营期逐步回购基金股份进而实现基金退出。这种模式下,社会资本以政府方在运营期支付的财政资金回购基金股权。基金公司依托自身专业能力,对接多家银行的理财产品等进而获得低成本资金,取得价差收益与基金管理收益,社会资本依托自身建设与运营管理能力,取得工程施工利润与运营管理溢价收益。

以上因素均不同程度影响 PPP 模式项目融资。

2. PPP 模式融资风险及其管控对策

(1)PPP 模式融资风险

基础设施项目融资风险的有效管控是确保 PPP 模式下基础设施项目融资取得良好社会效益的前提条件,而 PPP 项目融资风险的识别、类别划分是风险管控的第一步。PPP 模式下基础设施项目融资面临的风险可划分为六大类:政治风险,即国家宏观经济政策与行业政策、法律法规等变化对基础设施建设构成的不利影响;市场风险,主要表现为生产要素价格变化导致施工成本攀升、货币与资本市场利率调整导致项目融资成本上升、基础设施的市场需求变化导致项目收益的不确定性;建设风险,可进一步细分为资金流风险、工期风险、质量风险,资金流风险是指由于资金短缺导致项目建设停滞,工期风险是指因不能如期完工引致的违约金、资金回收延迟等不利事件发生;运营风险,主要指因项目与实际要求不符、经营决策的失误产生的不利结果;环境风险,是指由于项目对环境造成不良影响而可能产生的罚款、因保护环境而付出的成本费用;不可抗力风险,即因爆发战争、政变、暴乱以及自然灾害(地震、洪水、台风等)给项目的建设、运营及收益造成的不利影响。

(2)PPP 模式下基础设施项目融资风险管控对策

①科学量化项目融资风险。明确项目融资风险量化的基本原则。鉴于 PPP 模式下基础设施项目融资风险种类繁多且风险事件影响程度大,项目公司选择的风险评估方法应符合以下基本原则:一是坚持评价方法的可操作性,确保评估方法能够科学、全面、高效地应用于具体项目;二是坚持评估方法的程序性,评估方法应具有明确的实施程序、实施时间范围、实施对象,能够全面覆盖整个项目周期并深入渗透到项目的各个操作环节,有效识别并分析各类不确定性因素的变动趋势以及后续影响;三是坚持评估方法的可测度性,评估方法应能够使用定量分析模型,科学测度各影响因素的影响权重及可能产生的影响,对于无法定量分析的因素,可通过专家打分法、问卷调查、熵值法、平衡计分卡、BP 神经网络等技术手段进行合理估计;四是坚持评价方法的可塑性,即方法应具有良好的适应性、协调性。风险评价方法应能够根据项目实施内外部环境变化,及时通过自身调整以适应应用环境的变动,从而保证风险评估结果的准确性、可靠性。

根据 PPP 项目融资风险的种类不同,合理选择风险量化模型。一是针对政治风险、不可抗力风险、质量风险等难以量化的风险,可运用先进的信息处理技术如 EVIEWS、MATLAB 对其风险度、风险概率、概率分布进行科学模拟并评估。此外,还可以采取问卷调查、专家打分等简单易行的方法对风险因素、风险事件、风险程度进行合理量化,从而提升风险评估的全面性、客观性及可行性。二是针对具有量化数据的风险,可采用敏感性分析、压力测试、情景模拟、层次分析法、模糊数学方法、灰色理论及 BP 神经网络、蒙特卡洛模拟法等相对成熟的风险评估模型进行科学测算。

　　②合理设计风险分担模式。以风险控制力、项目整体效益作为 PPP 项目融资风险分配的基本原则。PPP 基础设施项目融资风险众多,众多风险在多个参与主体间的分配是项目风险管控的重要防线。PPP 项目融资风险的分配应坚持以下原则:最具风险控制力的一方承担该类风险;能够有效提高项目整体效益的一方承担相应风险;综合考虑各项目参与主体的风险态度、风险承受能力、基础设施项目的具体条件等因素,合理分配项目融资风险。

　　按照风险属性可将项目融资风险划分为公共部门承担的风险、非政府参与主体承担的风险以及多方共同承担的风险。详细分析基础设施项目融资风险面临的各类风险、项目实施各阶段的风险因素,通过建立高效协商机制,根据项目融资风险的种类、属性及特点确定最优的风险分担方案。一般而言,公共部门在处理政治风险、法律风险、国家政策风险等宏观风险方面具有一定优势,而非政府参与主体在处理项目建设风险、运营风险等项目建设施工过程中的风险具有相对优势。基于项目融资风险分配的基本原则、各参与主体风险控制相对优势,构建 PPP 模式下基础设施项目融资风险分担框架。政府等公共部门分担的风险主要有国家政治风险、不可抗力风险、法律风险、需求风险;项目公司主要承担市场风险、建设风险、运营风险、完工风险等其熟悉的并能够有效管控的风险;承包商作为项目的具体施工、设计及物资采购主体,其承担的风险有建设风险、完工风险、成本控制风险、质量风险等;运营公司作为基础设施运营阶段的经营管理主体,主要负责项目的设备运行及维护保养、基础设施使用收费、项目运营过程中的安全等工作,其承担的风险主要有运营风险及运营过程中的环保风险。

③全面采取风险防控措施。基建企业在基础设施项目建设、运营过程中应强化全面风险管控工作,运用多种工具及手段实现风险的合理规避或转移。一是加强基础设施项目的合同管理。由于PPP项目涉及众多参与主体,合同能够对各参与主体的权利、职责、风险承担等项目核心内容进行明确约定,督促各参与主体切实履行合同,相互协调共同推进基础设施项目的建设。二是做好基础设施项目施工前的准备工作,从源头上实现对各类风险的有效防控。针对市场风险、建设风险、运营风险及完工风险等,非政府参与主体应对项目建设及运营所需资金、项目所需物资市场价格等生产要素成本、项目工期、项目质量等进行事前分析、判断与预测,针对可能出现的风险构建应对机制。三是基建企业应综合考虑企业发展战略、自身财务状况、生产工艺及技术、风险态度及风险承载力、基础设施项目收益等,选择适合企业实际情况的PPP项目。此外,鉴于未来基建市场增长有限,基建企业应积极进行企业转型,避免盲目争取PPP项目造成财务风险攀升、企业发展失衡。

针对不同风险,基础设施项目参与主体可从以下角度进行有效管控:一是国家政治风险中的宏观政策风险和法律风险的应对措施。可对项目进行投保以减少政策变动对项目公司带来的损失;在合同订立阶段多咨询相关法律专家,从源头对风险进行充分识别、分析及预判。二是建设风险中的质量风险、完工风险、资金风险的管控措施。针对质量风险,基建企业应牢固树立质量达标意识,强化项目施工质量管理,建立渗透至各操作环节、全方位的质量管理体系;对于完工风险,基建企业应牢固树立工期意识,强化施工进度的督导,构建施工进度奖惩机制,奖励提前完工、处罚延迟完工;对于资金风险,基建企业应注重项目前期资金计划的制定,加强应收账款的催收,并充分利用预算这一强大工具严格约束项目资金的投放与使用;三是市场风险的有效防控。针对需求风险,基建企业要提高市场价格判断、预测与定价能力,确保项目的收益性;针对资金成本风险、生产要素价格变动,基建企业可利用套期保值、期货期权等金融工具锁定风险;四是对于环保风险,合同签订时应将该部分成本纳入项目成本中,施工运营过程中,注重环境保护工作,将环境保护工作纳入相关责任人的绩效考核当中。

7.2.3 PPP 模式项目在国内的实践应用

1. PPP 模式的应用范围

PPP 模式主要适用规模较大、需求较稳定、长期合同关系较清楚的项目,如交通、电力、铁路、污水处理等公共设施建设领域。适用 PPP 模式及有望推广 PPP 项目的领域主要有三个部分:基础设施建设领域、公共服务领域、环境保护领域。其中,基础设施领域涵盖的范围较为广泛,包括市政建设、交通设施建设、能源设施、农田水利设施以及信息和卫星服务;公共服务则涉及教育、医疗、养老、文化、旅游基础设施、体育等方面;环境保护方面涉及生态建设、环境监测、污水处理、垃圾治理等方面。

2. PPP 融资方式选择的影响因素分析

PPP 模式涉及政府部门和私人部门两个核心利益相关方,二者存在不同的利益和偏好,而 PPP 模式适用条件不尽相同,因此需要结合项目的实情和外部环境因素进行 PPP 模式的选择和设计。影响 PPP 模式选择的因素可以归纳为以下几个方面:公共部门因素、私人部门因素、项目本身因素。

(1)公共部门因素主要指政府部门的能力和偏好

①政府部门(雇员)能力。由于 PPP 模式中私人部门参与投资和建设,而私人部门的逐利本性可能会损害公众的利益,因此 PPP 模式需要政府部门对传统方式下的项目管理或监管方式和

流程进行变革,同时提高政府部门(雇员)在项目招标、谈判、合同监管和规制等方面的能力。但不同的 PPP 模式由于蕴含的公私双方的风险分担和权利义务不尽相同,因此对政府(雇员)的能力要求也有所差异,如 DBO、DBOM 和 FDBT 的合同期限相对较短,私人部门的控制权相对较小,因此对政府(雇员)的监管和规制能力要求相对较低。

②政府财政支付能力。政府财政支付能力分为即期财政支付能力和未来财政支付能力两种。如果政府即期财政支付能力强,则偏向选择 DBO 或 DBOM,否则需要利用私人部门的资金,采用 FDBT、FDBOT 等模式;如果政府即期财政支付能力差,但未来财政支付能力强,则可选择 FDBT 模式或合同期限较短的FDBOT 或 FDBOM 模式;如果政府即期和未来财政支付能力均较差,并且项目具有经营性,则适宜采用 FDBOT 或 FBOO 等模式。

③政府的目标偏好。首先是融资与提高运营效率和服务质量两个目标之间的偏好。若仅为提高运营效率和服务质量,可考虑采用 DBO 或 DBOM;若仅考虑融资目标,则可选用 FDBT;若等同考虑融资和效率提高两大目标,则可考虑采用 FDBOT 等模式。其次是项目工期和成本目标。不同 PPP 模式下,对加快项目进度和降低项目成本的激励强度是不同的。如在 FDBOT 模式下,私人部门更有动力加快进度和降低成本,以便使项目尽早投入使用,提高盈利能力。

④政府的既有经验。根据制度经济学理论,PPP 模式是公私双方关于基础设施项目投融资、建设、运营等事项的一种制度安排。政府对这种制度安排具有"路径依赖性",即政府过去的 PPP模式实践经验对新建项目 PPP 模式的选择具有较大影响,可能倾向于选择比较熟悉的 PPP 运作模式。

(2)私人部门因素主要是指私人部门的能力和偏好以及社会上私人部门数量

私人部门的能力和偏好主要表现在以下三方面。

①融资能力。如果项目投资规模大,而市场中潜在的私人部门融资能力较差,则难以满足 PPP 项目的融资需求,此时只能选择由政府投融资的 DBO 或 DBOM 模式,或政府和私人部门共同投资的 FDBOT 等模式。

②技术与管理能力。从世界范围看,获得融资和提高效率是政府采用 PPP 模式的目的。而效率的提高来源于私人部门的技术与管理能力,尤其是运营技术与管理能力,如果市场上满足技术与管理能力需求的私人部门很少或基本没有,就适宜采用 FD-BT 模式。

③风险承受能力。如果私人部门风险承受能力较低,则适宜采用基于付费合同的 PPP 模式,否则采用基于租赁或特许合同的 PPP 模式。

私人部门数量同样影响 PPP 模式的选择。从某种程度说,市场中具有满足规定要求能力的私人部门数量也影响 PPP 模式的选择。因为基础设施项目本身具有的垄断性导致运营阶段的竞争性可能不足,而若私人部门数量少,则一方面导致市场进入竞争性不够,从而使得私人部门可能要求过高的回报率或服务/收费价格;另一方面从整个基础设施市场看,可能会形成寡头垄断局面。因此,在满足要求的私人部门数量较少而又有限制垄断的需求时,应采用基于付费合同的 PPP 模式,这样私人部门拥有的控制权较小。

(3)项目本身因素指项目经济属性、技术属性和项目战略地位。

①项目经济属性。项目经济属性不同,项目私人投资的补偿/回报机制也有所不同,适用的 PPP 模式也有所不同,据此可分为公益性项目和经营性项目。公益性项目自身几乎没有现金流入,无法回收成本并盈利,只能依赖政府的影子付费机制或使用付费机制或租金支付机制实现。因此,公益性项目比较适宜采用付费合同/租赁合同形式的 PPP 模式,如 FDBT、FDBOM 等。经营性项目可以依赖自身现金流量弥补投资并盈利,适宜采用特许

合同形式的 PPP 模式,如 FDBOT 等。

②项目技术属性。基础设施项目如供水、供电和地铁等,具有网络化的运营技术特点,PPP 项目作为网络系统中的一个节点,必须考虑网络系统的整体最优。例如,成都第六水厂 FDBOT 项目,因对未来用水量预测不准,设计规模过大,当地政府为了满足合同中最低购水量,减少其他水厂的供水量,从而导致其他水厂的亏损和供水成本的增加。因此,为保证实现网络系统的整体优化,需要统一规划、调度,此时政府有必要拥有较大的运营决策权和控制权,比较适宜采用基于付费合同的 DBO、DBOM、FDBT 和 FDBOM 模式。

③项目战略地位。项目战略地位是指项目对项目所在地国民经济或产业结构的影响程度,对国民经济或产业结构影响大的项目一般会慎用由私人部门拥有产权或实际控制权的 PPP 模式,如 FDBOT、FDBOO 等模式。

3. PPP 模式运营的影响因素分析

PPP 模式在实际运行中受到很多因素的影响。促进 PPP 这一模式发展的因素是多方面的,其中主要包括法律法规、制度设计,特别是腐败现象减少也有利于其发挥积极作用。简迎辉(2014)从促进 PPP 模式成功的因素展开研究,认为财务、法律、商业环境、风险、技术、政府能力等方面均与这一模式能否取得良好的成效具有一定的关系。王秀芹(2007)认为,PPP 模式的成功与否取决于政府在项目运作中所提供的环境、在特许协议中确立必要的激励机制、必要的立法与诚信以及机构的专业管理水平等多方面的因素。

7.2.4 PPP 项目融资存在的问题

1. PPP 项目回报周期长,产业融资困难

由于 PPP 项目一般初期投入较大、投资回收期长,因此在建

设、运营中存在着诸多风险,主要包括政治风险、经济风险、市场风险等,在融资时使社会资本增加了更多顾虑。就政治风险来说,PPP 项目周期长,虽然近年来国家大力支持 PPP 模式的发展,国务院、财政部、国家发展改革委及各地政府都出台了相应的有利政策,但这些优惠政策的落实情况并不乐观,政策实施的不确定性使得资金回报不稳定。在 PPP 模式中,参与项目融资、建设和运营的社会资本必须要有一定的经济实力和规模,因为 PPP 项目需要经营成本较高,前期需要大量资金投入,这就需要参与的社会资本有较好的抗风险能力。对于巨大的 PPP 项目投资,私人机构往往需要外部融资,虽然在项目融资时政府部门会出台一些优惠政策或者提供些补贴,但数量较少,远不足以满足项目的资金需求,因此一些中小企业只能通过贷款方式融资。但银行贷款门槛较高,中小企业一般很难达到银行要求的信用标准,及时贷到资金,一旦信用评级降低,很有可能出现断贷,影响 PPP 项目持续经营。而且国家不准许政府进行保底承诺,这更增加了银行贷款的风险,贷款融资这条途径狭窄而又岌岌可危。因此,对于许多规模较小、抗风险能力较弱的企业来说,很难形成规模效益,这就限制了一部分社会资本的参与。

2. 融资模式单一,融资工具较少

PPP 项目的发展离不开政府的支持,融资亦需要政府的引导和监督。近年来,地方政府被赋予了与其可用财力不相称的事权,使其在扶持各类 PPP 项目发展方面有些力不从心。另外,分税制实行以来,地方税收逐渐减少,财政成本不断上升,政府财政压力增加,若不改变 PPP 融资过于依赖政府这一现状,资金来源将不能保证,基础设施的购置和公共服务的提供都将受到影响。

现阶段 PPP 融资模式单一,对社会资本吸引力不高,社会资本参与率低。资金来源偏重于银行贷款。一般而言,融资方式多元化有助于管控风险。但现阶段 PPP 项目的资金来源较为单一,不利于分散项目风险,无法有效降低资金成本。据统计,在中国

目前开展的 PPP 项目中，PPP 项目普遍运用贷款这一融资模式，运用其他融资工具的项目并不多见。这在很大程度上是受中国以银行为主体的间接融资比重过大的不利影响。由于银行贷款的期限相对有限，容易导致项目资金期限的错配，使项目风险加大。由于 PPP 项目大都带有公益性质，还未形成稳定的盈利模式，因此银行对该类项目放贷门槛设置较高，各类金融工具也难以发挥优势，制约了 PPP 项目融资。当前 PPP 融资亟待创新融资模式，可以在借鉴中国其他行业融资案例的同时引进和推广国外一些典型的融资模式。

3. 盈利空间小，社会资本参与积极性有待提高

社会资本受到自身利益所限，以追逐短期利润最大化为目标，但 PPP 项目大都带有公益性质，还未形成稳定的盈利模式，投资风险较大，因此社会资本参与度不高。另外，以盈利为主要目的的社会资本不愿涉足该类项目的原因在于：一方面，由于 PPP 项目大都带有公益性质，若将其定价权利放开，一部分人失去享受基础设施和公共服务的机会，这就违背了 PPP 项目实施的本意，由于该类项目大都是提供公共产品，政府对该行业的定价有着严格的控制，因此该类产品不能以盈利最大化作为根本目标，定价不能仅靠市场的调节作用；另一方面，PPP 项目的基础设施和运营成本需要大量的资金支持，产品定价往往不足以覆盖其资本成本，所以 PPP 项目利润空间小，社会资本进入意愿不强。

4. 资金使用效率亟待提升

PPP 的融资问题既包括前期资金的筹集问题，也包括筹资后资金的运营问题。由于在传统公共产品的提供中政府的长期垄断，产生了资金使用效率低下、服务质量不高等问题。近年来政府在贷款、税收等方面都颁布了不少优惠政策，但很多政策无法真正落地实施。许多 PPP 项目的参与者在享受优惠政策后不能最大化利用其带来的优势，一方面是由于监管不到位，造成政策

的优惠作用不能真正发挥到为 PPP 项目服务上,另一方面是资金的配置不当。资金使用效率低下限制了 PPP 项目的完成,进而带来更坏的社会影响,进一步加大融资难度,形成恶性循环。

5. 社会资本进入门槛高,退出通道不畅

目前 PPP 模式在中国刚刚起步,大部分的 PPP 项目只经历了识别、准备、采购、执行阶段,鲜有项目已经处于移交阶段,PPP 项目参与率较低,现有规模不足以挑起基础设施和公共服务的重任,因此需要加大对该模式的宣传,吸引更多企业积极参与进来。尽管如此,一些规模较小的企业却仍因门槛过高而被拒之门外,失去盈利机会,这样不仅打击其积极性,而且会使中小企业经济萎靡甚至破产。具体而言,一般社会资本在进入 PPP 领域会面临着进入和退出两方面的障碍问题。进入障碍包括政府和社会对公共服务供给抱有的观念障碍,以及法律法规、项目招标和市场融资环境等客观限制。PPP 模式资金退出渠道过于单一是其另一障碍,金融机构参与 PPP 项目本质大致是三类:一是直接对 SPV 公司股权投资,二是通过基金方式对 SPV 公司进行股权投资,三是向项目提供贷款等。这些资金一旦投入,由于项目资产专用性高,一旦建成很难用作其他用途,因此退出的渠道相对比较单一,主要是期满退出、事前双方约定价格由社会资本或政府赎回等方式。由于 PPP 项目投资规模大、回收期长等特点,如果等到项目到期再退出,对于投资者来说风险很大。另外,中国金融市场不够发达,也是 PPP 项目退出难的原因之一。

6. 法律支撑体系尚需修改完善

PPP 的可持续发展离不开完备的法律体系、良好的社会环境,PPP 模式融资更需如此。当今的法律制度与 PPP 模式现状不匹配,主要在于:一是有关 PPP 的法规多为部门和地方制定,国家层面的立法较少。二是与 PPP 相关的法律法规还存在不协调、不配套的问题。三是落实过程达不到效果,如之前在出台的规定

中已取消了 PPP 项目发行收益债的各项财务指标,但实际上证券公司等在债券发行的过程中仍有约束,又因为 PPP 项目风险较大、收益率低,最后造成很多项目收益债难以顺利发行。

PPP 项目融资涉及面广,与法律体系、合同体系、信用体系、能力建设等密切相关,其中有以下几个问题需要注意。

第一,有限追索的问题。其本质是风险分担。现在 PPP 项目要做到有限追索项目融资比较困难,PPP 项目期限长、风险大,金融机构不愿涉及。在该不利的大环境下,愿意在 PPP 项目长期大规模投资的大多是国有企业,特别是中央企业。而若 PPP 融资的主体只是国企,中小企业等难于参与甚至参与不进来,那么这样的 PPP 项目仍然是在体制内转悠,与 PPP 模式设计的初衷背道而驰。

第二,地方政府的信用问题。地方政府信用度不高,契约意识淡薄,导致社会资本顾虑重重。由于存在政策变更风险、政策落实风险、政府换届风险,导致社会资本参与 PPP 怕陷阱、怕违约,因此后续政府部门参与 PPP 时需要转变心态,提高契约意识,履行合同约定,保障 PPP 项目的顺利推进。

由于 PPP 项目涉及领域较多,并且刚刚起步,尚未建立起完善的法律体系,在参与 PPP 项目时政府公信力不高,难免会出现因新规定的颁布或旧法律的修订而对 PPP 项目协议带来影响的问题,从而使 PPP 融资在前期或后期出现经济纠纷等问题,所以 PPP 发展需要立法先行。

7.2.5 PPP 项目融资的政策建议

PPP 是国家鼓励地方政府开展基础设施建设的重要模式,但在实际实施过程中面临平台公司的软性竞争与地方政府债务刚性约束等诸多问题,再加上 PPP 模式自身的制度保障不足以及过度发展,使其难以取得金融机构和社会资本的信任,融资面临一定困难。面对问题,中央高层、地方政府和金融机构都应自主规范,通过协商合作破除 PPP 项目的资金掣肘,共同努力建立起推动 PPP 发展的良性运作机制。

1. 加强顶层设计

中央管理层尽快建立、推出并不断完善 PPP 相关的法律法规,从政策立法与督导的角度,监督地方政府规范执行 PPP,对地方政府的失信行为进行惩戒。通过建立中长期财政规划与跨年度财政预算机制,明确 PPP 合同的法律关系,以及土地、税收等相关规定。中央政府还应牵头成立 PPP 引导基金,在全国范围内建立 PPP 项目推介体系,畅通推介渠道。通过将真正具有开发潜质的经营性资源交给具有开发运营能力的社会资本进行建设和运营,来增强项目活力与运营能力,打造 PPP 品牌和示范项目,以便在更广范围内引导更多的社会资金参与到地方的 PPP 项目中。鼓励发展 PPP 项目收益债、PPP 资产证券化等创新性融资工具,并通过开辟绿色通道加大其推动力度,实现以社会资本或项目公司为主体的真正的 PPP 项目融资。还可鼓励和推动 PPP 项目融资基金的发展,对符合要求的项目融资给予适当的贴息政策,对积极参与 PPP 项目的金融机构给予一定的政策奖励。

2. 地方政府提高规范能力

在 PPP 项目实际执行过程中,地方政府应严格按照国家各部委的相关要求来规范操作 PPP 项目,在保证交易结构设置符合 PPP 相关管理规定、风险分配符合 PPP 精神的同时,其具体操作流程也应得到规范。地方政府的 PPP 支出应严格控制在红线内,不超过一般公共预算支出比例的 10%,以此提升地方政府项目支出的公开度与透明度。在 PPP 项目实施前应进行充分论证,并合理选择 PPP 项目及社会资本,不强行将与项目关联度不高、社会资本无法胜任的经营性项目装进项目包,在确定项目包时应充分发挥社会资本在项目策划方面的专业优势,给予社会资本一定的自主权,并多拿出既具有运营实质,又有良好现金流的项目交由社会资本建设和运营。对于技术要求低、规模小的项目,可设置合理的资格条件,以此打通民间资本的进入通道。通过做好项目推介工作来吸引更多符合条件的资本进入,实现社会资本的充分竞争。地方政府还应通过树立良好履约的政府形象,来增强社会资本与金融机构的信心。

此外,地方政府还可作为劣后级 LP(Limited Partner,即有限合伙人)来设立引导基金,在预算有限的情况下以少量的资金作为引子,带动大规模社会资金进入支持地方 PPP 项目建设。金融机构则以"投贷结合"的方式进入,在具体执行过程中,政府不能回购基金所持项目公司的股权,基金只能通过将股权转让给其他符合条件的社会资本或者以资产证券化的方式退出。在转让过程中,受让方须向社会资本支付股权转让价款,并且需严格控制政府方在低于 50% 的持股范围内对社会资本股权进行受让,严防PPP 项目变质。对于运营能力要求不高、运营利润空间有限且与建设质量关联度较高的项目,由于受让方需承担较高风险且后续运营收益有限,为能找到合适的受让方,社会资本转让股权时要做出更大程度的折价让步,并以提前贴现变现的形式退出。对于运营能力要求高、运营利润空间可观且与建设质量关联度不高的项目,如广告运营、物业管理、商业租赁等项目,由于受让方风险相对可控、后续运营收益可期,因此可由领域内更加专业的私营资本接手,以此快速实现项目的盈利,这些项目虽然退出容易但仍需社会资本对合作期内的项目建设承担相应的责任。

3. 金融机构协助规范

在 PPP 项目执行过程中,各类金融机构应对地方政府和社会资本提供相应的辅导,积极引导地方政府按相关规范来执行 PPP项目。金融机构在项目识别阶段即可参与 PPP 项目,在满足PPP 政策要求的前提下,主动帮助地方政府按照金融机构融资的相关要求来设置项目的交易结构、边界条件等问题,以便使地方政府能够更加规范地参与到 PPP 融资结构设计中,私人资本也能够更加顺畅地参与到 PPP 项目中。在此基础上,金融机构还应加强金融产品创新,设计出更多符合国家规范的 PPP 类产品,为 PPP 项目的顺利融资提供更多可选择的产品和服务。例如,对于 PPP 项目资本金,金融机构可采用流动资金贷款债权方式进行融资,也可采用基金投入、资管计划、信托、保险股权计划等股权融资方式进行融资。在加强产品创新的同时,还应根据 PPP 模式的特点,建立和完善相应的 PPP 项目风控体系,降低 PPP 项目实施过程中的各种风险。

4. 完善相关立法,改善投融资环境

目前,我国在公司合作领域的立法尚未纳入政府的立法程序,加强对公司合作的立法制建设应纳入国家立法部门的议事日程。国家立法机关首先要在国家层面进行立法建设,为公用事业市场化改革提供相对统一原则的法律制度。在此基础上,地方各级政府要根据当地的实际情况制定地方实施和操作细则,以便有法可依。目前各地政府要及时总结当地前几年公司合作模式的实践经验,把一些带有普遍性和规律性的东西上升为法律制度。

从国际上公用事业改革的成功经验可以看出,均遵循立法先行的原则,要尊重基本的立法原则精神,总结起来包括:确保公用企业履行其法定义务,防止公用企业滥用垄断权力,维护消费者利益,提高公用企业经营效率。进行公司合作领域改革应制定一部全国性的法律,明确规定公用事业的性质和范围,价格管制的原则,价格控制的方式,服务质量标准,企业准入许可的条件和审查程序,仲裁机制以及各行为主体的权利义务。

5. PPP 融资模式进行结构性改革,加大融资工具创新

目前 PPP 融资模式过于单一,利用现有的融资模式很难带动 PPP 项目的长久发展,因此融资方式亟待创新,在利用市场手段的同时,发挥政府的引导作用和监督作用。PPP 项目融资应以银行为核心,整合证券、保险和信托业等各项资源,增加保险公司、

社保基金等机构投资者作为补充。注重加强与各金融中介机构的合作，综合利用基金投资、银行贷款、发行债券等各类金融工具拓宽融资渠道。

在政策方面，国家发展改革委等相关部门也相继推出多项政策促进 PPP 融资创新。继和中国证监会联合推进传统基础设施领域 PPP 项目资产证券化后，国家发展改革委再次为 PPP 项目融资"开绿灯"，印发《政府和社会资本合作（PPP）项目专项债券发行指引》（以下简称《指引》）。鼓励上市公司及其子公司发行 PPP 项目专项债券，并对 PPP 项目专项债券信息披露和投资者保护机制做出要求。

该《指引》表示，发行 PPP 项目专项债券募集的资金，可用于 PPP 项目建设、运营，或偿还已直接用于项目建设的银行贷款。在发行债券审批上，国家发展改革委还给予 PPP 项目专项债券"绿色通道"。例如，在相关手续齐备、偿债措施完善的基础上，PPP 项目专项债券比照该委"加快和简化审核类"债券审核程序，提高审核效率。此次国家发展改革委印发《指引》的目的，正是创新投融资机制，拓宽 PPP 项目融资渠道，扩大公共产品和服务供给。

具体来讲，PPP 融资模式可从以下几个方面入手进行结构性改革。

（1）整合各项金融资源，发展资产证券化

资产证券化是通过在资本市场和货币市场发行证券筹资的一种直接融资方式。把流动性低、但有可预期收益的资产，在资本市场上发行证券，以便最大程度提高资产的流动性。只有增加投入 PPP 项目资本的流动性，社会资本才会积极进入。

一方面可以设立 PPP 基金，运用规模化、专业化的运作方式降低融资成本。运用好 PPP 支持基金，按照"政府引导、市场化运作、分级分类管理、风险可控"原则运作，形成良好的风险分担机制，吸引更多社会资金进入。目前 PPP 基金主要有三种模式：一是"政府＋金融机构"；二是"金融机构＋地方国企"；三是企业自发成立的产业投资基金，通过发展股权投资基金和创业投资基金,引导社会资本采取私募等方式进行融资。政府可以使用包括中央预算在内的财政性资金,通过认购基金份额等方式予以支持,依托市场机制,发挥政府引导基金的引领作用。同时,政府完善有关 PPP 项目失败后的立法工作,以此使参与其中的社会资本有所保障。

另一方面,丰富债权、股权投资等融资工具,增加投资年限,构建标准化的地方政府债券融资体系,开创地方政府在合规、合理范围内发行债券的先河,促进 PPP 产业的发展。同时,利用社会资本丰富的投资和项目管理经验,使投入 PPP 项目的资金发挥最大效率。吸纳相关人才参与项目,以此来提升公共服务的数量和质量。

(2)借助互联网融资,发展普惠金融

随着互联网技术的发展,大数据时代到来,互联网的影响逐渐渗透到每个人的生活中,PPP 项目可以借助互联网的影响力进行网上融资。首先,互联网融资成本较低,节省了线下运营成本,仅存在少量交易费用,这与之前中介成本相比有着天然的优势。其次,互联网融资以其快速匹配的特点,大大提高了融资效率。另外,PPP 项目大都带有公益性质,此类项目的实施往往关乎每个人的切身利益,因此可以借助政府的公信力,通过互联网宣传进行融资,将 PPP 项目的运作模式公开,依靠项目公开透明的运作机制,使社会公众建立对 PPP 项目的信任,这将会大大改善融资问题。同时,向大家征集资金使用途径,集思广益,经专家评审后采纳有价值的意见或建议用于落实,建立全生命周期绩效评价体系,并做好资金使用后公示工作。

(3)拉长 PPP 项目产业链条,改善融资渠道不畅的难题

PPP 融资模式将盈利性与公益性相结合,把经济效益和社会效益相结合,加快项目融资。PPP 项目可以利用政府的监管和社会资本的管理经验,创新更多新的模式,使 PPP 项目与相关产业联合绑定,集合各行业人才、资源等,带动相关产业发展。产业链条越紧密,资源配置效率也越高。当 PPP 项目不再是一个单独孤

立的产业,而是有了相关产业时,该项目便产生了特殊的价值。例如,PPP养老服务业除了传统观念上的老年生活照料、康复护理等服务以外,还可以结合老年食品、用品、保健、旅游等诸多产业,形成集生产、经营、服务于一体的综合性布局。这样一来,既能够解决 PPP 项目的盈利问题,又能够保证该项目基本的公益性。采用 PPP 模式,对盈利空间大的模块制定一个合理的价格,既能保证自身收益,又能反哺非营利性产业,为 PPP 项目运营提供必要的资金补偿,做到既能发挥公共产品的作用,又使整个产业链不致因经营不善、缺乏资金而断裂,它与共享金融下众筹模式的思路殊途同归。当 PPP 项目成为整个产业链的有机一部分时,产业链得到了拉长,提升了价值链,提高了抗风险能力,其自身结构得到优化升级,PPP 的融资问题将会得到很大改善。

(4)建立多元化、多层次的资本市场

通过构建多元化市场,鼓励风险投资的发展拓宽企业融资渠道。借鉴其他省份成功案例,实现融资方式创新;鼓励更多的企业通过股权融资,降低企业资产负债率,同时通过培育企业债券市场,提高企业融资渠道,用多层次的资本融资方式来降低企业融资成本,提高直接融资比重。资本市场的发展有利于创建 PPP 模式发展的外部条件。

6. 合理设置 PPP 项目的进入与退出机制

为完善 PPP 项目进入和退出机制,要加快市场开放进程。《国务院关于创新重点领域投融资机制鼓励社会投资的指导意见》指出,政府要与投资者明确 PPP 项目的退出路径,保障项目持续稳定运行。项目合作结束后,政府应组织做好接管工作,妥善处理投资回收、资产处理等事宜。政府应摒弃偏见,引导国企和非国企公平竞争。

PPP 模式的持续健康发展有必要建立合理的进入渠道和退出机制。既要公平对待中小企业,使想进入该领域的企业都能分一杯羹,又不能盲目忽视对 PPP 项目进出机制的风险管控。管理要适度,对 PPP 项目的进入和退出机制不但要严格限制,还要有灵活性。设置准入条件时要选择市场化程度较高、价格调整机制灵活、需求稳定的项目,当项目需要退出时,在保证工作交接完成后,允许其退出 PPP 模式。

7. 完善资金使用预算,建立全过程的动态监督机制

要改善 PPP 融资后资金使用效率不高的问题,可以从事前预算和事后监督两个方面入手,成立专门的预算小组和监督小组。首先,由专业的预算小组根据项目的需要,做好资金使用预算工作,详细列出每项资金的去向、规模以及所预期达到的效果。其次,在资金使用后对使用情况进行审查,由专门的监督人员进行核对,既保证资金使用的公开透明,又保障资金的最低回报。

8. 推进政府优惠政策的落实,提高社会资本参与积极性

由于 PPP 项目大都是公共产品,定价受到政府监督和管制,利润空间较小,因此各级政府应对参与 PPP 项目的社会主体予以政策方面的支持。政府方作为 PPP 项目主体的参与方应多措并举,助力 PPP 融资。首先,政府应做好引导和支持工作,为吸引更多社会资本,可以加强政府示范引领,将 PPP 项目列入政府项目库,利用政府在社会上的信誉削弱社会资本的顾虑。例如,可通过加强项目评估,择优排序,建立示范项目库,并出台各项 PPP 项目融资的优惠政策,包括各种形式的税负减免和政策补贴,同时鼓励金融机构在受理 PPP 项目融资时,给予适当优惠政策。其次,抓好政策落实工作,可以成立专门的监督小组,跟进各项优惠政策的实施,并向参与 PPP 项目的企业提供法律、政策解读等方面的帮助。同时,PPP 项目周期长,前期各项工作困难,政府通过设立专项账户进行补贴,既可以提升 PPP 项目成功率,又可以减轻社会资本前期投入的资金压力,减少社会资本的顾虑。最后,

增加 PPP 模式宣传力度。PPP 模式在基础设施的建立和公共服务的提供方面有其他模式不可比拟的优势,政府花比原来少得多的钱去提供与原来相同甚至更高质量的服务。因此,要加大 PPP 模式的宣传力度,提高公众认同度,PPP 项目运营时的融资问题将会得到极大缓解。

7.3　地方政府债务融资

目前,我国所处的经济发展阶段决定了我国各级地方政府对资金的需求量变大的趋势,各级政府对融资的需求异常强烈。地方政府债务融资不仅可以提高政府的服务水平,而且还为我国的经济发展提供了大量的资金,但同时地方政府盲目地进行融资活动也带来了很多问题,如债务规模过大、资金利用率低等。针对这种情况,研究地方政府债务融资存在的问题,并提出合理的建议具有非常重要的现实意义。

7.3.1　地方政府债务融资方式与影响

1. 地方政府融资方式

从我国地方政府现有的债务融资方式上看,由于预算法等法律的硬性约束,地方政府并没有以自身为主体的合法市场化融资方式,从而导致地方政府债务融资通过变相的举债方式进行。从目前的情况看,主要有两种方式:第一,利用地方政府融资平台举债;第二,中央政府代发地方政府债券。苏英(2011)对这两种模式从信用基础、监管机制和定价方式进行了比较,认为应该发展合理法律框架下的市场化发行地方政府债券制度。唐洋军(2011)通过对国外地方政府融资渠道与中国地方政府融资渠道的梳理,提出通过有效发展我国的地方债券市场以及向融资平台注资等方式来降低当前地方政府债务融资潜在风险,提高融资的有效性。刘煜辉、沈可挺(2011)则通过对当前各地方政府融资来源与投向的分析,提出最有效的融资方式是构建以市政债券市场为基础的公共资本融资模式,促进地方债务透明化;同时根本转变地方政府职能,向服务型政府发展。

2. 地方政府融资对宏观经济影响

从地方政府债务融资对宏观经济发展的效应来看,既有正面的影响,也有负面的影响。

首先,地方政府通过大规模的债务融资获取资金,支持了基础设施建设,进而在短期内带动了经济增长(张军,2007)。

地方政府债务融资的积极作用主要包括以下几点:地方政府债务融资可以为政府实施积极的财政政策提供大量的资金支持。可以提高政府的服务质量,促进生态环境保护和公共事业的发展。为改善基础设施提供了资金支持,使经济的发展安全度过瓶颈期,从而促进国民经济更快更好地发展。

但是,张亮(2012)通过对地方政府融资平台贷款余额与 GDP 增长率建立协整模型后发现,短期内地方政府融资平台贷款对经济增长有带动作用,但是长期脉冲响应函数结果却显示,地方政府融资对经济拉动并不明显(缪小林、杨雅琴等,2013),甚至会造成宏观经济增长波动不稳定(郭庆旺、贾俊雪,2006;周业安、章泉,2008)。

地方政府债务融资的负面影响主要包括以下几点:地方政府债务融资会使政府的债务违约风险进一步积聚,从而加大财政风险。地方政府债务融资一定程度上加重了官员腐败的现象。目前,地方政府债务融资还没有得到完全的合法化,这就会导致地方政府债务融资活动会利用到各种不良的方式,从而为官员腐败提供了温床。地方政府债务融资的资金利用率低。这主要包括两个方面:一方面,政府融资存在盲目性,使筹措的资金不能得到及时的利用,但政府财政却需要支付大量的利息。另一方面,在我国很多政府投资项目存在暗箱操作的情况,利用融资大搞形象工程的情况非常严重。

其次,地方政府融资平台的快速扩张与膨胀将会给经济带来了极大的潜在风险。例如,何杨、满烟云(2012)认为,地方政府融资平台风险主要表现在三个方面:地方政府债务规模急剧扩张。地方政府债务结构不尽合理,过分依赖银行贷款,并且债务的集中到期率高。土地财政的严重不可持续。梅建明(2011)则认为,地方政府融资平台风险在宏观层面上并不严重,但在微观层面上已经危及部分地区的经济发展,甚至有可能造成银行危机。何杨(2011)通过面板两阶段最小二乘方法对地方政府债务风险进行计量后发现,地方政府债务风险的主要来源是以土地为杠杆的融资方式,并且由于国际经济变动,风险很有可能出现显性敞口。郭玉清(2011)将地方政府债务作为中央政府的或有隐性债务指标,并利用精炼贝叶斯博弈的原理建立了有隐性债务的预警模型,他认为解决财政透明度等制度性问题与建立长效的财政风险预警机制有利于债务风险治理。

7.3.2　地方政府债务融资存在的问题

当前地方政府债务融资存在的问题主要集中在以下几个方面:在融资渠道和资金来源方面,金融体系支持城镇化融资不足,民间资本、外资利用不足;在融资方式方面,融资模式单一;在债务融资风险控制方面,地方政府债务融资不够透明并且缺乏相应的约束,负债过多;在城市长期发展与融资协调方面,对城镇化发展缺乏长期规划。

1. 融资渠道与资金来源

当前金融市场并不适合城市公共服务基础设施建设的融资。金融体系支持城镇化融资不足,民间资本、外资利用不足。城市发展过程中的基础设施建设贷款回收周期过长,公共服务项目收益又过低,因此金融市场较难以介入对该部分融资起到有效的作用。

2. 融资模式单一,过度依赖土地财政

地方政府融资的模式都是高度依赖土地财政的融资模式,但是由于土地资源的稀缺性将必然会导致这种融资模式的不可持续性。政府存在提高土地价格的强烈动机,这也对我国居高不下的房产价格起到了推波助澜的作用。在这种模式下,如果土地价格受到外部冲击,将会给地方政府的财政造成巨大的压力,对土地财政的收取和使用是以透支未来利益为代价的。

3. 债务融资风险控制薄弱

负债过多加重地方政府的债务负担,使政府的财政风险和金融风险加大。有些地方政府盲目地进行债务融资活动,导致政府负债过多,远远超过了偿还的能力,而这一部分难以偿还的债务,或转为地方政府的直接债务,或转化为金融机构的不良资产,从而增加了地方政府的财政风险和金融机构的风险。

4. 缺乏城市发展目标导向

在城市长期发展与融资协调方面,对城镇化发展缺乏长期规划,地方政府债务融资规模与城市发展现状不匹配,造成地方政府债务负担过重和盲目投资的情况。

5. 地方政府债务融资不够透明并且缺乏相应的约束

地方政府的债务包括两个部分,即显性债务和隐性债务。显性债务是指政府的直接债务,而隐性债务主要是指一些没有列入地方预算之中的债务。对于显性的债务比较容易管理和控制,透明度也比较高,但是对于隐性的债务就比较难以处理,政府也无法进行有效的监督,这种情况下,政府就容易盲目地扩大融资的规模,从而带来巨大的财政风险。

7.3.3 针对地方政府债务融资的政策建议

1. 提高地方政府债务融资的显性化和透明度,强化预算约束

首先,地方政府债务融资要坚持公开化和显性化的基本原则,积极地推动地方债券和企业债券的发行,不断地畅通信托融资的渠道,并且要积极地利用基础设施建设项目进行融资。

其次,提高地方政府债务融资的透明化程度,严格要求政府要定期地公开的财政状况,提高政府对债务控制的能力,提高资金的利用效率。

再次,防止出现地方政府将债务负担转嫁给上级政府的情况。通过立法的形式对各级政府的风险责任进行划分,消除利益和风险严重不对称的情况。

最后,严格控制负债的规模,使之与地方政府的财力相匹配,而负债的期限要和任期一致。

2. 资产证券化对地方政府债务融资的作用

资产证券化是指以基础资产未来所产生的现金流为偿付支持,将该流动性较差的资产,通过特殊机构对其进行结构性重组,使得该组资产能够在可预见的未来创造稳定现金流,通过结构化设计进行信用增级,在此基础上发行资产支持证券(Asset-backed Securities,ABS),从而将其预期现金流转化为可在金融市场出售、流通的证券产品。作为一种结构融资方式的金融创新,资产证券化可以转移和分散风险,实施信用增级,带动金融投资。为此,资产证券化被世界各国广泛借鉴和应用,使全球金融得以实现高速发展。当前我国地方政府融资缺口扩大、银行信贷风险加大、实质性财政偿还未改。地方政府迫切需要拓宽渠道融资、分散和化解集中于银行体系的信贷风险,资产证券化是解决该问题的重要途径,对国内金融业的发展和风险管理亦具有重要作用。

地方政府多年投资形成的国有资产,大量沉淀固化,没有充分得到开发和利用。资产证券化作为一种成熟的融资模式,可以为政府投资建设项目筹集大量的建设资金,同时能有效盘活存量资产,实现地方经济的良性循环和快速发展。而政府投资建设项目大多属于公用基础性的,生命周期长,经营性项目大都能产生持续稳定的现金流收入和投资收益水平。这些项目投资期限长流动性弱,但现金流比较稳定,符合资产证券化的特点。资产证券化除了有效降低融资成本以外,利用资产证券化可以解决融资平台资产负债率较高和现金流紧张等关键性约束瓶颈,有利于降低融资平台负债率,有助于减轻地方政府债务压力。

(1)地方政府实施资产证券化的可行性

①我国已经初步具备了资产证券化的市场。我国已经建立了包括货币市场、资本市场在内的比较完善的金融市场体系。沪、深两个全国性证券市场经过多年的发展,已经初具规模,这标志着我国的证券市场正逐步走向规范和成熟。伴随着经济的持续发展和证券市场的不断完善,我国证券市场上的机构投资者也逐步发展壮大,证券公司、保险公司、基金公司、社保基金等各类机构投资者已经成为证券市场的主导力量。在机构投资者不断壮大的同时,个人投资者也日益理性和成熟。目前,我国证券市场的深度和广度均已具备开展资产证券化业务的条件。此外,资产评估公司、信托公司、律师事务所、会计事务所等各类中介机构也可以满足资产证券化所需的中介服务。

②充裕的民间资本和大量的闲散资金为资产证券化提供了资金来源。庞大的民间资本提供了源源不断的资金来源。近年来,我国的国家储蓄率一直都维持在40%以上,远高于美、日等发达国家。截至2013年末,城乡居民人民币储蓄存款余额44.76万亿元,比1978年末增长2 124倍,年均增长24.9%。民营经济的快速发展和居民收入的增长使得居民储蓄存款余额连年上升,而高额的存贷差则表明了社会存在大量的闲置资金,民间资本没有得到充分利用。

长期以来国家积极鼓励和引导民间资本进入基础产业和基础设施建设、公用事业及政策性住房建设、社会事业领域等。政府投资建设项目资产证券化发行的证券以能够产生稳定现金流的资产为基础,是一种具有较高信用等级和稳定收益的投资工具,可以吸引民间资本进入到政府投资建设领域,缓解银行巨额信贷资金沉淀现象,提高政府融资效率,有效解决闲散庞大的民间资本供给与大型基础设施项目建设巨额资金需求之间的矛盾。资产证券化能够驱动民间资金资本化,吸引外资,有利于提高政府融资效率。对于资产持有者来说,通过资产证券化融资获得的贷款比例高、期限长,可以为超过项目投资者自身筹资能力的大型项目提供融资。通过这种方式可获得资金但又不增加负债,并且这种负债也不会反映在原始权益人的资产负债表上;通过"信用增级"使项目的资产成为优质资产,可以获得高级别的融资渠道,募集到更多的资金。

③能产生稳定现金流收入的政府投资项目易于资产证券化的推广。随着我国国民经济的快速增长,城镇化建设持续加快,教育、卫生、法律等人文性基础设施及交通、能源、通讯等物质性基础设施的建设力度也日益加大。仅仅依靠国家财政资金显然远远无法满足庞大的建设资金需求。地方政府多年投资形成的国有资产,大量沉淀固化存在,没有充分得到开发和利用。资产证券化作为一种成熟的融资模式,可以为政府投资建设项目筹集大量的建设资金,同时能有效盘活存量资产,实现地方经济的良性循环和快速发展。资产证券化是以特定资产作为支持的证券,以资产未来的现金流换取当前的融资能力。

政府投资建设项目大多属于公用基础性的,每个消费者都是既定价格的接受者,需求弹性和价格弹性都较小,所以产生的现金流接近于刚性,加上投资规模大,运营期限长,未来能够产生持续稳定的现金流收入。此外,鉴于政府投资建设项目对社会发展的特殊作用,地方政府都愿意对其所发行的证券进行信用增级,使基础资产具有政府担保的性质,减少基础资产的信用风险。

④地方政府债务证券化的融资成本和风险较低。虽然地方政府债务证券化涉及很多参与主体,支付的费用名目繁多,如信用评级费用、托管费用、投资银行承销费用等,但标的资产达到一定规模时,其融资成本相比传统融资方式仍然较低。主要因为资产证券化能通过各种手段改善发行条件,如信用增级使资产支持证券获得较高的信用评级,而信用评级的提高也使得投资者投资风险降低,相对收益率要求也会降低。同时资产池中基础资产涉及政府层面,一旦有政府背景,其在投资者心目中的信用就会上升,这也会大幅降低融资成本。

地方政府债务证券化之所以能够降低风险主要归功于其交易结构特殊的信用增级和破产隔离的设计。其中破产隔离有两方面含义:一是原始权益人与被证券化的资产完全隔离,这是通过原始权益人真实出售资产证券化标的资产来实现的;二是特殊目的机构 SPV 设立目的只有一个,即资产证券化,不会在资产证券化业务外产生其他债务担保等情况,使得别的债券权人不能对资产要求赔偿,同时证券化产品的拥有者对资产产生的收益能够享用。资产证券化产品通过引入信用增级使得资产证券化产品的信用高于原始权益人和发行人,其投资者持有产品带来的风险也会减少。

⑤资产证券化有利于增加新的融资渠道,降低银行体系的信贷风险。资产证券化作为一种表外融资方式,利用资产证券化的技术进行融资,不会增加发行人的负债,是一种不显示在"资产负债表"上的融资方式。通过资产证券化的方式,将资产负债表上的资产剥离改组,构造成为市场化的投资工具,可以降低发行人的资产负债率及其融资成本。一般而言,资产证券化的融资成本比低于银行贷款利率,同时由于发行人通过这种方式获得了一笔资产销售收入,因而可以缩小投融资平台的资金缺口,盘活存量资产,提高资产的使用效率。

我国地方政府发债受到限制,地方政府的投融资平台主要依靠银行信贷融资,尚未形成多元化的融资渠道。地方政府投融资平台利用资本市场进行直接融资的比例低,缺乏持续融资的顺畅通道。这样的负债结构和融资渠道使得信贷风险高度集中于银行体系,仅仅依靠单一的银行信贷融资渠道,使得地方财政和银行体系均面临较高的风险。利用资产证券化技术可以将地方政府投融资平台现有的存量资产盘活,提高了资产的流动性,便于广泛筹集社会资金用于地方经济建设,同时也有效地降低了过度集中于银行体系的信贷风险。

3. 城市发展基金、产业开发基金的建立

地方政府还可以采取建立城市发展基金、产业开发基金的方式完善其融资体系。城市发展基金(或称城镇化基金)是产业投资基金的一种特定模式,是政府以财政投入启动资金,向银行、信托、保险等特定机构筹集资金成立产业基金,共同投向城镇基础设施建设的一种特定模式。

作为产业基金模式之一的城市发展基金,不仅具有股权融资性质,以服务城市建设为对象,而且还具有与城建项目的投资规模大、涉及范围广、建设周期长等融资特点相匹配的优势,可以为地方政府提供长期的融资来源,缓解地方政府城镇化建设资金的紧缺。同时,也因城市发展基金有政府信用作保障,能为银行等投资人带来长期稳定的收益。

(1)城市发展基金的组织形式

城市发展基金的组织形式主要分为有限合伙型和契约型两种方式。有限合伙型城市发展基金要求按比例出资成立项目公司,包括有限合伙人(LP)和一般合伙人(GP)。其中,LP类似于公司股东,以其投资金额承担有限责任,但不参与基金的日常经营管理,由基金投资机构和政府部门组成;GP是专业的基金管理人,负责基金的日常管理。契约型城市发展基金为资管计划或信托模式,由当地国企先行成立项目公司,契约型基金再进入认购项目公司股份。作为产业基金的一种,城市发展基金一般采取有限合伙公司制。具体来看,主要包括三种模式。

第一种模式是成立单一基金。由政府指定的相关国企(如政府融资平台),与银行、信托、保险等机构为代表的社会资本,作为一般合伙人共同出资,并邀请专业基金管理公司作为有限合伙人成立一个城市发展基金,将资金投向一般合伙人认可的城市建设项目。其中,金融机构等社会资本参与方为优先级投资人、政府委托单位为劣后级投资人仅进行资金投资,不对基金进行日常管理,而专业基金管理公司以少量资金入股或仅以劳务形式入股,负责基金运行的日常管理。

第二种模式是成立母子基金。先由政府指定的国企出资,与社会资本共同成立一个母基金。母基金作为引导基金,不直接投资项目,而是作为另一个基金也即子基金的一般合伙人参与投资。这时候,母基金就是劣后级投资人,而优先级投资人与上述的单一基金一样,也是银行、信托、保险等各类社会资本,同时邀请专业的基金管理公司作为一般合伙人进行日常管理。与直接成立的单一基金投资模式不同的是,母基金引导模式下的子基金,劣后级投资人可以是代表政府的母基金,也可以另外增加下属政府部门作为共同劣后级投资人参与投资。

第三种模式是由社会资本成立基金,直接与地方政府基础设施项目对接。这种模式其实是 PPP 的一种形式,参与主体包括银行、具有较强投融资能力的施工企业,以及基金公司等机构。

(2)城市发展基金存在的问题

第一,基金运行的规范性有待提高。目前,我国城市发展基金还处于探索阶段,相关的法律法规不健全,对该类基金的运行模式、收益分配、投资方向等多个方面都缺少相应的规范性条款。如具有政府背景的企业能否担任普通合伙人,政府以承诺书、担保函等方式承诺的收益是否符合法律规定等都尚未明确,一旦发生法律纠纷,各方权益维护值得关注。

第二,社会资本的参与面有待扩大。从目前情况来看,城镇化发展基金的资金来源比较单一,除政府财政外,主要依赖金融机构出资,其中又以银行理财资金为主要对接资金,真正吸引的其他社会资本极为有限。从江苏已成立的 15 支城市发展基金来看,银行、保险、信托资金占比分别为 51％、28％、14％。由此可见,银行资金超过一半。而信托机构的资金,大部分也来源于合作银行代售的理财资金。从资金来源渠道上看,社会资本的参与面相对较小。

第三,政府债务的风险性存在隐患。与一般投资基金的利益共享、风险共担机制不同,城市发展基金模式下,社会资本虽然作为股权投资方参与,但通常为优先级受偿人,并不参与项目公司的建设运营,更多承担的是财务投资人的作用。表面来看,城市发展基金不增加政府债务,但此类"明股实债"或附加回购条款兜底的基金,其偿债来源仍主要依靠政府财政支出,这种方式变相延长了债务的还款期限,增加未来政府债务风险。

第四,基金担保的第三方支持不足。一般情况下,信托、保险等机构介入城市发展基金通常需要高信用等级的第三方担保支持,但由于基金规模较大,难以找到相适应的第三方担保机构。

4. 融资租赁模式的应用

融资租赁作为一种快速发展的金融服务方式,具有融资和融物的双重功能,能够为地方政府融资平台盘活存量资金、实现风险共担和吸收社会资本,在合理配置社会资源、充当资金运作的中介和资产管理等方面都有独特功能优势。

地方政府在融资过程中,融资租赁主要参与模式为直接租赁和售后回租两种。

(1)直接融资租赁模式

武汉地铁融资租赁模式。

政府融资平台开展直接融资租赁业务主要有出租人(融资租赁公司)、承租人(融资平台公司)以及项目承建商三方当事人参与。首先,出租人与承租人签订租赁合同,出租人根据承租人的项目建设要求与承建商签定项目建设合同,并根据合同的具体要求向承建商支付项目建设资金。其次,待项目建成完工后,出租人根据租赁合同的要求将项目出租给承租人,承租人则根据合同的具体要求向承租人支付租金。租赁期满后,出租人可以根据双方协定以一定的资金向承租人购买项目资产。

直接融资租赁的优点在于融资平台公司不需要任何建设成本即可拥有项目的使用权,只需在租赁期内向租赁公司支付租金,减少了融资平台一次性建设项目的资金压力,同时不需要承担任何的项目建设风险,并且租赁期后只需少量资金就可获得项目的所有权。

(2)融资性售后回租模式

山东高速售后回租融资案例。

开展售后回租融资租赁业务主要涉及两方当事人:出租人(融资租赁公司)和承租人(融资平台公司)。但在业务中每个当事人都扮演着双重的角色,平台公司既是项目的提供者也是项目的承租人;租赁公司既是项目的购买者同时也是项目的出租人。

业务开始初期,由平台公司与融资租赁公司签订购买合同,将平台公司已建成的项目出售给融资租赁公司,融资租赁公司则以合同规定的价格向平台公司支付项目购买资金。而后,双方签订租赁合同,租赁公司再将已购买的项目出租给平台公司但保留项目的所有权,而平台公司则按照租赁合同的规定向租赁公司支付租金售后回租可以将一些实物资产转化为金融资产,以改变融资平台的资产结构。同时由于租金的支付具有灵活性,使得平台公司获得一笔流动资金,从而提高了平台公司资金的流动性。这种租赁方式可以帮助平台公司盘活现有资产,为建设新项目筹集资金,从而提高了平台资金的使用效率。

①售后回租适用对象。在地方政府与融资租赁公司进行合作中,售后回租模式的运用通常需通过政府公司进行合作,主要适用环境如下:一是公司通过自有设备进行售后回租,通常为国有资产经营管理公司、城市投资发展有限责任人公司、水务投资有限公司等;二是地方纯公立医院的医疗设备售后回租,评级为二级以上,并拥有一定数量的现金流支撑;三是地方校园设备进

行的售后回租,主要业务范围为各大高校。

②售后回租交易模式。售后回租业务开展过程中,交易角色为出租方和承租方。在融资租赁公司和地方政府平台公司的合作过程中,因为平台融资具有的特殊性,融资租赁公司通常希望地方政府能够出具相应兜底保证,以实现公司权益最大程度的保证。地方政府平台在融资过程中,采用售后回租的合作模式为:以地方实力较强的学校和医院为承租人主体,以一定数量的固定资产作为租赁物,然后通过第三方政府担保公司进行有效担保。

③售后回租交易模式注意的事项。融租租赁公司在开展业务过程中,首先,需对地方财政收入制定相应准入标准,在审核过程中建议采用地方政府"一般预算收入"指标为标准,此指标在历年政府报告中都会公开,便于数据提取。其次,需对承租人现金流进行相应审批,并通过还款源的制定保证按期还款;最后需对地方财政、承租人现金流不能完全覆盖的项目进行担保引入,还可通过专属地方政府的收入进行费权质押。

在审核政府提供的资料过程中,可通过对不同政府部门和公开数据的多维度分析,以验证资料的正式、准确性。针对部分地方政府"一资产,多融资"的现象,融资租赁公司可通过查询相应公告性网站的方式进行租赁物属权查询,在发现同一租赁物有重复登记现象时,可进行租赁物件更换。

在中介机构推荐项目后,融资租赁公司可采取"三分贷七分管"的策略进行风险管控,把放款后的资产管理工作放置重要位置。在项目洽谈阶段,融资租赁公司需对还款相应负责人进行落实;在放款完毕后,融资租赁公司可带领经验丰富的资产管理部门人员进行定期回访;在合作过程中,无论承租人为地方政府平台,还是高校和医院,均需告知逾期和拖欠租金应承担的相应法律后果,全面强调还款的刚性和法律性。

5. 建立地方政府债务风险预警机制,完善债务风险监管体系

首先,建立风险预警机制。风险预警机制关注的是预警手段

和方法的选择,预警程序的优化等问题。债务产生的原因是很多的,任何债务危机的显现都有一个过程。因此,有必要建立债务风险预警系统,对财政运行过程进行跟踪、监控,从而及早发现债务危机信号,使政府在债务危机的萌芽阶段就能采取有效措施,避免危机出现。

其次,建立风险预警组织体系。风险的识别与监控都离不开组织管理工作。组织体系是保证风险预警机制有效的制度保障。在组织体系的建设上,有垂直体系、横向的组织体系,也有交叉的组织体系。因为地方政府债务的复杂性,为了更好地监控地方政府债务,可以采用既有垂直体系又有横向体系的监控组织体系。这种体系虽然比较复杂,但是可以根据不同的监测对象和领域采用最适合的一种方式,从而保证债务风险监测的广泛性和完整性。在发现问题的时候,可以由财政部门定期或不定期召开协调会议,针对地方政府债务问题提出相应的解决办法,然后由各部门具体组织解决。

再次,规范风险预警程序。风险预警机制本身是一个不断探讨和完善的过程。这个过程需要前期的各种基础准备工作,在这些基础准备工作基础上,对风险进行认知、分类,其中涉及预警信号的采集和处理,预警组织与人员的配备。这些都按程序设置好后,在实际工作中对预警机制进行调整与修改,具体包括对数据库、制度和工具等的完善,从而达到整个从预警目标与预警设立中间的过程形成一套完整的工作流程,使得债务风险在一个完整的预警体系中得到控制。

最后,建立风险监管体系。为了防止地方政府债务风险失控,风险监管体系的建立和完善迫在眉睫。针对债务资金的使用,对举债筹集来的资金在使用时要使用严格审批,财务上会计要进行严格核算,财务管理上要建立严格的内部控制制度。要把地方政府债务的日常监管提上日程。地方政府债务的规模、结构、增长速度这些数据的更新都需要对地方政府进行日常监管,所以要尽早把这个工作落实到实处,列入日常管理工作计划之内,同时实施绩效管理,有奖有惩。对地方政府债务的监督要全面,对地方政府债务的借、用、还,以及担保情况都要进行监督、审计,化解债务风险于未然。对地方政府债务的具体债务人以及相关责任人还有政府债务的管理部门,以及地方政府债务的监管都纳入领导干部的考核指标中。

参考文献

［1］Dematteis G. *Towards a Unified Metropolitan Urban System in Europe：Core Centrality Versus Network*［R］. Urban Networks in Europe,1996:19-28.

［2］Kyung-Hwan Kim. Housing Finance and Urban Infrastructure Finance［J］.*Urban Studies*,1997,34(10):1597-1630.

［3］Teranishi J. *Interdepartmental Transfer of Resources, Conflicts and Macro Stability*［M］Aoki Kim,Okuno-Fujiwara, eds. Economic Development and Roles of Government in the East Asian Region. Nihon Keizai Shimbun,Inc. 1997.

［4］Changjie Zhan,Martin de Jong,Hans de Bruijn. Path Dependence in Financing Urban Infrastructure Development in China: 1949—2016［J］. *Journal of Urban Technology* ,2017,24(4):73-93.

［5］Wendy Y. Chen,Fox Zhi Yong Hub. Producing nature for public：Land-based urbanization and provision of public green spaces in China［J］.*Applied Geography*,2015(58):32-40

［6］汪小亚.中国城镇城市化与金融支持［J］.财贸经济,2003(08):31-34.

［7］郭新明.金融支持我国城镇化战略的政策思考［J］.西安金融,2004(09):4-6.

［8］郑玫,傅强.重庆市金融业发展与城镇化率变化的实证分析［J］.经济师,2008(05):274-275.

［9］陈元.开发性金融与中国城市化发展［J］.经济研究,2010(07):4-14.

[10]伍艳.中国城镇化进程中的金融抑制问题研究[J].理论与改革,2005(03):100-103.

[11]张宗益,许丽英.金融发展与城市化进程[J].中国软科学,2006(10):112-120.

[12]邓德胜.中国城市化与金融发展关系研究[J].江西社会科学,2008(09):102-105.

[13]倪鹏飞.新型城镇化的基本模式、具体路径与推进对策[J].江海学刊,2013(01):87-94.

[14]邱俊杰,邱兆祥.新型城镇化建设中的金融困境及其突破[J].理论探索,2013(04):82-86.

[15]陈义国,陈甬军.中国的城市化与城乡包容性增长[J].暨南学报,2014(10):87-94.

[16]林勇,郭庆.政府投资、民间投资与城镇化发展——基于PVAR模型的实证分析[J].贵州财经大学学报,2014(05):19-25.

[17]司林波.农村社区建设中"被城市化"问题及其防止[J].理论探索,2011(02):89-94.

[18]邵任薇.镶嵌式自主:城中村改造中的自主与镶嵌[J].暨南学报,2014(11):35-45.

[19]徐梅.我国不同类型地区新农村建设与地方公共投资典型模式分析[J].贵州财经大学学报,2013(01):104-107.

[20]崔霞.统筹城乡公共基础设施建设思考——以山西省为例[J].理论探索,2010(06):102-103.

[21]邓立丽.城乡统筹融合,推进长三角城乡经济发展一体化研究——马克思城乡关系理论的应用[J].暨南学报,2013(03):73-80.

[22]杨慧,倪鹏飞.金融支持新型城镇化研究——基于协调发展视角[J].山西财经大学学报,2015(01):1-12.

[23]安国俊.城镇化过程中融资路径的探讨[J].银行家,2014(4):106.

[24]宋宗宏,唐松.新型城镇化投融资机制分析[J].商业经

济研究,2015(24):86-88.

[25]陈峥嵘.推出市政债券为新型城镇化建设融资[J].科学发展,2013(8):60-71.

[26]牛润盛.新型城镇化资金供需分析[J].金融论坛,2015(3):71-80.

[27]吴伟,丁承,龙飞.城镇化融资问题的投行视角[J].新金融,2014(2):16-21.

[28]陈伦盛."十三五"时期新型城镇化投融资模式的改革与创新[J].经济纵横,2015(6):6-9.

[29]辜胜阻,李睿,杨艺贤,庄芹芹.推进"十三五"脱贫攻坚的对策思考[J].财政研究,2016(2):7-16.

[30]贾康,孙洁.公私合作伙伴机制:城镇化投融资的模式创新[J].经济研究参考,2014(13):16-27.

[31]胡凡.新型城镇化背景下地方政府投融资机制创新研究[J].商业经济研究,2015(6):47-49.

[32]胡海峰,陈世金.创新融资模式化解新型城镇化融资困境[J].经济学动态,2014(7):57-69.

[33]林章悦,刘建鹏.城镇化过程中投融资问题研究——基于公共服务的视角[J].科学发展,2013(10):55-64.

[34]崔文亮,孟园,孟宇东.城镇化建设中投融资现状及途径[J].西部财会,2013(12):77-79.

[35]蔡书凯,倪鹏飞.经济新常态触发的地方政府融资转型与匹配[J].经济体制改革,2015(2):148-154.

[36]巴曙松,王劲松,李琦.从城镇化角度考察地方债务与融资模式[J].中国金融,2011(19):20-22.

[37]洪振挺.新型城镇化建设投融资机制设计[J].中国市场,2015(18):54-64.

[38]马庆斌,刘诚.中国城镇化融资的现状与政策创新[J].中国市场,2012(16):34-40.

[39]王启元,张清娥.创新金融资源配置加快新型城镇化建

设[J].佳木斯教育学院学报,2013(12):483-484.

[40]叶剑平,杨乔木,宋家宁.新型城镇化时期土地融资模式转型探索[J].金融与经济,2014(5):23-25.

[41]姜安印,郑博文.新型城镇化投融资体制创新研究——以甘肃为例[J].甘肃社会科学,2013(6):213-216.

[42]卞慧.浅谈我国地方政府自主发债问题[J].江西教育学院学报,2013(5):31-33.

[43]胡海峰,陈世金.中国新一轮资产证券化的缘起、进展及前景分析[J].人文杂志,2014(1):41-48.

[44]郝振东.PPP模式在新型城镇化建设中的应用[J].合作经济与科技,2016(5):45-47.

[45]周阿利.新型城镇化建设的投融资困境及其破解路径[J].理论导刊,2015(4):80-82.

[46]王中.创新投融资模式推动西部地区城镇化——以四川省为例[J].银行家,2013(8):45-47.

[47]刘旭辉,陈熹.PPP模式在新型城镇化建设中的推广运用研究——以江西省为例[J].金融与经济,2015(2):85-88.

[48]郑立君,苏亚民,叶茂建,颜建源.新型城镇化的金融供需匹配路径探析——以福建省永春县为例[J].福建金融,2014(7):51-55.

[49]董少军.项目投融资模式在城市基础设施建设中的应用探析[J].商,2015(8):186.

[50]关山,黄科鸣,侯婵怡.城市基础设施主要投融资模式研究综述[J].大众科技,2012(7):281-284.

[51]李万峰.新型城镇化的投融资体制机制创新[J].经济研究参考,2014(8):46-54.

[52]赵丽娜.新型城镇化投融资机制创新与债务风险防范问题研究[J].经营管理者,2015(34):65.

[53]陈雨露.中国新型城镇化建设中的金融支持[J].经济研究,2013(2):10-12.

[54]郭兴平,王一鸣.基础设施投融资的国际比较及对中国县域城镇化的启示[J].上海金融,2011(5):22-27.

[55]辜胜阻,曹誉波,李洪斌.深化城镇化投融资体制改革[J].中国金融,2013(16):9-11.